나는 길고양이 장의사

- 로드 킬 없는 세상을 위하여 -

이 책은 오늘의 나를 있게 해준 가족들에게 고마운 마음으로 바친다.

삶의 수많은 고비마다 나를 믿어주고,
함께 같은 방향을 바라보며 묵묵히 걸어와 준
아내 박종열에게 진심 어린 감사의 마음을 전한다.
당신의 헌신과 따뜻한 동행이 있었기에 아름다운 삶을 살아갈 수 있었다.

그리고 세상에서 가장 소중한 존재들인 사랑하는 손주들
이성직, 이승은, 이서현, 양재혁에게 이 말을 꼭 전하고 싶다.
너희는 내 인생의 기쁨이자 희망이다.
언제나 건강하고 바르게 자라, 너희의 삶 속에서도 사랑과 믿음,
그리고 삶을 대하는 용기를 잃지 않기를 바란다.

나는
길고양이
장의사

로드 킬 없는 세상을 위하여

양진석 지음

프로방스

프 롤 로 그
~~~~~~~~

　요즘은 '가족'이라는 말의 의미가 점점 변화하고 있다. 반려
동물을 가족처럼 여기는 사람이 많아졌기 때문이다. 산책길에
서 개를 데리고 걷는 사람을 흔히 볼 수 있다. 개뿐만 아니라 고
양이, 새, 거북이 등도 반려동물로 맞이하는 시대가 되었다. 함
께 밥을 먹고, 함께 잠을 자고, 삶의 크고 작은 순간을 나누며,
반려동물은 이제 단순히 '키우는 동물'이 아니라 '가족'으로 여
겨진다.

　그러나 여전히 모든 사람이 이 변화에 익숙한 것은 아니다.
알레르기나 공포심, 혹은 단순한 불편함으로 인해 반려동물에
거부감을 느끼는 사람도 있다. 때로는 산책 중 다른 사람의 반
려동물을 보고 얼굴을 찌푸리거나 불편함을 드러내는 모습도
종종 마주한다.

　나는 울산 온양에서 농사를 지으며 개와 닭을 함께 키우고

있다. 우리 집을 찾는 사람 중에도 개를 무서워하거나, 닭 울음 소리에 깜짝 놀라는 이들이 있다. 그 반응을 보며 '동물은 정말 가족일까?' 하는 생각을 하곤 한다.

2025년 기준, 한국에서 반려동물을 키우는 가구는 전체의 약 28~30%에 이른다. 약 600만 가구 이상, 반려인 인구는 1,200만 명 내외로 추정된다. 2023년 농림축산식품부 자료에 따르면, 그중 반려견이 반려묘의 세 배를 차지한다고 한다. 그런데 반려동물 중에는 버림을 받거나 집을 나와 길을 잃고 헤매다 로드 킬을 당하는 반려동물도 있다. 차를 타고 가다 로드 킬을 당한 동물의 처참한 모습을 누구나 한 번쯤 보았을 것이다. 물론 로드 킬을 당하는 동물은 반려동물에만 국한되지 않는다. 길고양이들을 비롯하여 노루, 고라니 등 야생 동물들도 변을 당하는 경우도 많다.

'사람을 위한 도시 구조'에만 초점을 맞춘 인프라는 동물과의 공존하는 구조를 반영하지 못하고 있다. 지자체 간 규정 차이, 관련 예산 부족, 담당 부서 혼재로 인해 일관된 정책 추진이 어려운 상황이 계속되다 보니, 로드 킬(Road Kill)은 동물 문제의 상징처럼 대두되고 있다.

　매년 도로 위에서 2만~3만 마리 이상의 동물이 로드 킬로 죽는다. 고라니, 너구리, 멧돼지 같은 야생 동물뿐 아니라, 한때 가족이었을 유기된 반려견·반려묘도 상당수다. 많은 경우 동물 사체가 며칠간 도로에 방치되기도 한다. 동물을 가족처럼 여기는 사람에게 로드 킬 현장을 목격하는 일은 정신적 트라우마가 될 수 있다. 또한 처참하게 죽은 동물의 모습이 각인효과로 남아 두고두고 그것을 본 사람을 괴롭히기도 한다.

　한편, 나는 농민에게 피해를 주는 멧돼지와 같은 야생 동물

　　　　　　　　　　　　　　　　나는 길고양이 장의사

을 사냥하곤 했다. 그러다 보니, 자연스럽게 동물 주검(사체)에 대한 거부감이 옅어졌다. 그러다 행정관청의 의뢰로 도로 위 죽은 동물, 즉 로드 킬 동물 사체를 수습하는 일을 맡게 되었다. 행정관청에는 로드 킬을 담당하는 전문부서가 명확하지 않고 보통 당직을 서는 사람이 주민으로부터 신고 전화를 받는다. 그들은 로드 킬을 당하는 동물에 대한 전문가가 아니며, 관련 지식도 부족하다. 그런 이유로 내가 울산의 행정기관들로부터 의뢰를 받아 로드 킬 당한 동물의 사체를 수습하는 일을 맡게 된 것이다. 그 과정에서 나는 수많은 슬픔과 감동과 깨달음을 경험했고, 그것들을 잊지 않기 위해 하나하나 메모해 두었다.

그렇게 하나둘씩 모인 이야기와 기록이, 어느덧 한 권의 책이 되었다. 이 책에는 로드 킬로 생을 마감한 동물의 안타까운 이야기, 유기동물에게 손을 내미는 따뜻한 사람의 이야기, 그리고 여전히 미흡한 동물 보호 정책의 현주소와 앞으로 나아가야 할 방향이 담겨 있다.

이 책은 단순히 죽은 동물의 기록이 아니다. '생명'이란 무엇인지, 우리는 이 지구상에서 함께 사는 다른 생명과 어떻게 '함께 살아가야' 하는지를 묻는, 그리고 그 질문을 우리 삶 가까이로 끌어오는 이야기다.

매일같이 도로 위에서는 수많은 생명이 조용히 사라지고 있고, 그 현장은 생각보다 훨씬 더 처참하다. 그런 현실을 관심 어린 시선으로 바라보고 조금이라도 줄일 수 있다면, 이 책은 그 역할만으로도 충분한 의미가 있다고 믿는다.

동물을 사랑하는 사람에게는 물론, 그렇지 않은 사람에게도 이 책이 하나의 따뜻한 울림으로 다가가기를 소망한다. 이 이야기를 통해 누군가의 무심했던 시선을 머무르게 하고, 잠시라도 삶의 속도를 늦추게 하며, '동물과 함께 살아가는 세상'에 대해 다시 생각해 보는 계기가 되었으면 하는 바람이다.

작지만 간절한 마음을 담아, 이 책을 세상에 보낸다.

2025년 11월

길고양이 장의사 양진석

차 례

제 2 장

로드 킬 현장에서 만난 캣맘

제3장

유기동물을 돌보는 사람들의 이야기

제1장

❖❖❖❖❖❖❖

로드킬 수습 현장에서

차가운 아스팔트 위,
차에 치인 노루 두 마리

나는 동물의 생태를 비교적 많이 안다. 야생동식물보호협회의 일원으로서, 자연의 가장 날것 그대로의 모습을 마주한다. 하늘을 가르는 맹금류의 날카로운 발톱의 힘을, 맹수가 어둠 속에서 빛내는 눈빛을, 작은 사냥꾼 고양이의 날 선 이빨에 담긴 예리함을, 그리고 연약해 보이는 고라니가 절체절명의 순간 터뜨리는 경이로운 발차기의 위력을 알고 있다. 그 생명들이 가진 능력과 본능은 인간이 만들어낸 문명의 힘과는 다른 차원의 질서이며, 그것이 자연의 법칙 속에서 오롯이 유지되어야 할 존엄임을 나는 잘 안다.

그들의 삶을 알기에, 그들의 허망한 죽음 또한 외면할 수 없

            나는 길고양이 장의사

다. 도로 위에 쓰러져간 한 생명은 단순히 사고의 결과가 아니라, 우리가 만든 환경 속에서 함께 살아가는 존재가 맞닥뜨린 비극이다. 그 죽음을 지나쳐 버린다면, 그것은 곧 인간이 자연을 향해 지닌 책임을 저버리는 일과 다르지 않다. 동물의 삶과 죽음의 경계에 가장 가까이 서 있기에, 이 일은 어쩌면 나의 숙명과도 같은 것이다. 나는 그 숙명을 받아들이며, 남겨진 흔적을 기록하고 보듬는 일을 통해 인간과 자연이 다시 연결될 수 있는 작은 다리를 놓고자 한다.

차가운 아스팔트는 종종 생명의 종착역이 된다. 도로 위에서 죽은 야생동물의 사체는 그저 눈살을 찌푸리게 하는 민원거리로 전락하기 일쑤다. 특히 참혹한 광경에 익숙지 않은 이들에게 피와 살점이 뒤엉킨 사체는 감당하기 어렵다. 누군가는 해야만 한다. 그 마지막을 거두는 일. 나의 손길이 가장 절실한 곳, 외곽도로가 많은 울산 북구에서부터 이 슬픈 임무가 시작되었다.

내 첫 임무는 피와 고통이 뒤엉킨 참혹한 현장을 수습하는 일이었다.

"오토밸리로에 노루 두 마리가 차에 치었습니다."

짧고 간결한 말이었지만, 그 안에 담긴 파장은 무겁게 내 심장을 짓눌렀다.

　현장에 도착하자, 내가 마주한 광경은 예상을 훌쩍 뛰어넘는 참상이었다. 마치 재난 영화의 한 장면처럼, 짙은 피비린내가 코를 찔렀다. 도로 한복판, 한때 숲에서 뛰놀았을 노루 한 쌍이 처참하게 찢긴 채 널브러져 있었다.

　암컷의 절단된 뒷다리는 갓길 위에 나뒹굴고 있었고, 수컷의 머리는 몸에서 떨어진 채 몇 미터 떨어진 곳에 덩그러니 놓여 있었다. 장기와 살점은 충격의 방향을 따라 20m가 넘는 거리로 퍼져 있었다.

　그 위로 쉴 새 없이 지나가는 화물차들은 생명의 마지막 흔적마저 짓이기고 있었다. 어떤 자동차는 감속하며 피해서 달렸고, 또 다른 자동차는 핸들을 돌려 피하기보다 오히려 속도를 내어 달려갔다.

　이런 상황에서는 곧바로 동물을 수습할 수 없다. 쉴 새 없이 달려드는 차량들 사이로 뛰어드는 것은 또 다른 사고를 불러올 수 있기 때문이다. 112에 전화를 걸어 상황을 설명하고 도움을 요청했다. 잠시 후 사이렌을 울리며 경찰이 도착했고, 한쪽 차선을 막으며 차량을 통제했다. 그 순간 도로 위 차량들은 급히 속도를 줄이며 서행하기 시작했고, 차창 너머로 드러난 운전자

　　　　　　　　　　　　　　나는 길고양이 장의사

들의 표정에는 짙은 답답함이 묻어났다. 그들에게 숲속을 힘차게 달리던 노루는 더 이상 생명으로 보이지 않았다. 오직 주행을 방해하는 방해물, 하루 일정을 지연시키는 원인으로만 여겨질 뿐이었다.

나는 그 장면 앞에서 숨이 막혔다. 생명이 단숨에 무가치한 존재로 전락하는 모습처럼 느껴졌다. 단지 인간의 길 위에 쓰러졌다는 이유만으로 생명이 존중받지 못하고 '쓸모없는 것'으로 취급되고 있는 것이었다. 그 무심한 시선 속에서 나는 군경이 지닌 냉혹한 논리를 보았다.

인간의 편리와 속도를 지키기 위해, 수많은 생명이 희생되고 있지만, 그 죽음은 기록되지도, 애도되지도 않는다. 도로에 쓰러진 노루는 단순한 사고의 부산물이 아니다. 그것은 인간의 길 위에서 얼마나 많은 생명이 '필요 없음'이라는 이름 아래 지워지고 있는지를 보여주는 차가운 증거였다.

삽을 들고 사체 수습을 시작했다. 단순히 퍼 담는 일이 아니었다. 무게감은 손에 들린 삽날보다, 마음속에 쌓여갔다. 삽날에 달라붙는 살점, 피로 젖은 털, 끈적하게 흘러내리는 내장. 그것들은 단순한 '오염물'이 아니라, 불과 몇 시간 전까지만 해도 숨 쉬던 존재의 일부였다. 그들은 먹고, 달리고, 서로를 바라보았을 것이다. 계절이 바뀌면 서로의 털빛을 닮아가고, 나뭇잎을

베어 물며 삶을 누렸을 것이다.

하지만 이제는 이름도, 숨결도, 온기도 사라진 채 아스팔트 위에서 조용히 식어가고 있었다. 나는 그들의 남은 형체를 모으며, 마음속으로 조용히 읊조렸다. '미안하다. 우리가 만든 길 위에서, 너희들을 이토록 잔인하게 떠나보내게 되어 정말 미안하다.' 내가 하는 이 일은 단지 도로를 '깨끗하게' 만드는 것만을 의미하는 게 아니라는 사실을 나는 뼈저리게 느꼈다. 그것은 생명의 마지막 흔적을 거두는 의식이며, 존엄의 파편을 하나씩 수습하는 애도였다.

사체를 조용히 수습하는 동안, 경찰관의 얼굴도 안타깝게 변해있었다. 잠시 바람이 불었다. 마치 그들의 마지막 한숨이 스쳐 지나가는 듯했다.

무엇을 하든 처음의 기억은 오래도록 남는다. 노루의 사체를 수습했던 그 날의 일 역시 내 마음에 깊이 새겨졌다. 처음으로 로드 킬을 당한 동물을 거두던 순간, 나는 앞으로 걸어가야 할 길이 결코 평탄하지 않으리라는 불길한 예감을 느꼈다. 그것은 단순히 생명의 죽음을 정리하는 일이 아니었다. 무고하게 죽은 존재 앞에서 매번 고개를 숙이고, 그 잔혹한 흔적을 두 손으로 감싸안아야 하는 숙명의 시작이었다. 그날의 예감은 끝내 현실이 되었고, 이후 나는 수많은 현장에서 죽음과 마주하며, 삶과

나는 길고양이 장의사

죽음의 경계에 남겨진 깊은 무게를 온몸과 마음으로 받아들여야 했다.

아스팔트에 핀 장미 한 송이

40여 분을 달려 도착한 현장. 도로 한쪽에 비상등을 켠 채 멈춰 선 차량이 보였고, 그 옆에는 한 여성이 쪼그리고 앉아 있었다. 서른 살가량 되어 보이는 그녀는 조용히 울고 있었다. 마치 아무 소리도 들리지 않는 세상에 홀로 남겨진 듯, 그녀의 어깨는 가늘게 떨리고 있었다. 지나가던 차량은 연신 경적을 울렸다. 지나가는 데 방해가 된다는 이유에서였다. 어떤 이는 소리를 지르며 지나가기도 했다. 하지만 그녀는 아랑곳하지 않았다.

그녀의 시선이 머문 곳, 거칠고 차가운 아스팔트 위에는 작은 무덤이 하나가 만들어져 있었다. 조심스럽게 펼쳐진 방석 아래에, 이미 숨이 멎은 새끼 고양이 일부가 보였다. 방석 위에는 장

나는 길고양이 장의사

미 한 송이가 놓여 있었고, 그 조용한 정성은 마치 마지막 인사
를 대신하는 듯했다.

　내가 조심스레 다가가자, 그녀는 고개를 들었다. 붉게 부은
눈동자엔 슬픔을 넘어선 미안함이 담겨 있었다.

　"갑자기 이 아이가 튀어나왔어요. 제가 너무 늦게 브레이크
를 밟았어요."

　떨리는 그녀의 목소리는 젖어있었고, 내가 고양이를 수습하
는 동안 그녀는 한 발짝도 물러서지 않은 채 내 옆에 서 있었다.

"제발…. 잘 좀 부탁드립니다."

나는 말없이 장갑을 끼고, 차갑게 식어버린 작은 몸을 들어 올렸다.

"제가 죽인 이 아이…. 이제 어떻게 되나요?"

동물을 치고도 아무 일 없었다는 듯 속도를 높여 사라지는 수많은 운전자를 봐왔기에, 눈앞의 이 광경은 되레 비현실적으로 다가왔다.

돌아오는 차 안에서, 비릿한 피 냄새 대신 묘하게도 장미 향이 감도는 듯했다. 생명을 잃게 한 슬픔과, 그럼에도 마지막까지 생명을 존중하는 마음을 목격한 감동이 뒤섞여, 뭐라 형용하기 힘든 감동이 마음을 채웠다.

그리고 다음 날 아침, 그 여성에게서 전화가 걸려 왔다.

"정말…. 감사했습니다. 잘 처리해 주셔서요."

잠시 머뭇거리던 그녀는 이내 힘겹게 말을 이었다.

나는 길고양이 장의사

"밤새 잠을 한숨도 이루지 못했습니다."

그녀의 목소리는 여전히 죄책감으로 축축했다. 로드 킬은 단순히 도로 위의 사고가 아니라, 누군가의 마음에 지워지지 않는 상흔을 남기는 사건이라는 것을 그때 깨달았다. 그녀의 눈물은 흔적도 없이 사라졌지만, 그 따뜻한 마음만은 내 가슴에 깊이 새겨졌다. 생명의 고귀함은 역설적이게도 죽음의 순간에 더욱 선명하게 빛난다는 사실을, 나는 그날 그녀의 장미 한 송이를 통해 다시 한번 배웠다. 그것은 이 고된 일을 계속하게 하는 가장 큰 보람이자 이유가 되었다.

고양이 주검에 덮어준
따스한 방석 하나
흐느끼는 마음이 내려놓은
장미 한 송이
그날, 아스팔트 위에 핀 꽃은
내 가슴으로 옮겨와 내내 향내로웠다.

매일 로드 킬 당한 동물을 수습하는 일이 단순히 도로를 치우는 일이 아니라, 더 큰 의미가 있음을 깨달았다. 그리고 그날

이후, 나는 매일의 일을 그냥 흘려보내지 않기로 마음먹었다. 무심코 지나치던 장면들 속에도 크고 작은 이야기가 숨어 있었다. 도로 위에 남겨진 흔적, 누군가의 품에서 마지막 숨을 내쉰 동물, 그리고 그 곁을 지키는 사람들의 눈빛 하나하나가 내게는 새로운 의미로 다가왔다. 그것들은 단순한 순간의 풍경이 아니라, 우리가 함께 살아가는 세계의 단면이었고, 인간과 자연이 부딪히며 만들어내는 삶과 죽음의 또 다른 모습임을 느꼈다.

그래서 나는 기록을 시작했다. 하루의 끝마다 마음에 깊이 남은 장면들을 글로 붙잡았다. 어떤 날은 슬픔이, 어떤 날은 고마움이, 또 어떤 날은 안타까움이 남았고, 때로는 인간과 동물이 맺는 보이지 않는 연대가 한 편의 이야기처럼 손끝에 스며들었다. 그렇게 쓴 기록은 단순한 일지가 아니라, 사라져 버릴 수도 있었던 생명의 흔적을 되살려 증언하는 일이었다. 차곡차곡 쌓인 글들은 결국 한 권의 책이 되고, 그 책은 로드 킬로 죽어간 생명의 죽음을 알리고 기억하게 하는 또 하나의 이정표가 될 것이다.

나는 길고양이 장의사

태어나지도 못하고 죽은
길고양이 새끼들

4년여 동안 내가 수습한 동물만 해도 3,000건이 넘는다. 길고양이와 길바둑이 같은 유기동물에서부터 노루와 고라니 같은 야생동물에 이르기까지, 다양한 생명들이 차갑게 식은 몸으로 길 위에 남겨져 있었다. 그들을 거두는 일은 시간과 장소를 가리지 않았다. 새벽녘 고요를 깨우며 출동해야 했고, 깊은 밤에도 불빛 하나 없는 도로 위에서 홀로 사체와 마주해야 했다. 특히 심하게 훼손된 모습으로 발견될 때면, 눈앞의 현실을 받아들이기가 더욱 고통스러웠다.

작은 고양이 한 마리조차도 따뜻하게 숨 쉬던 존재였다. 더구나 커다란 야생동물이 차도 위에서 생을 마감한 광경은 인간과 자연이 부딪히며 생겨난 비극의 그림자를 여실히 보여주었다. 내가 거둔 수많은 사체는 단순한 죽음의 흔적이 아니었다. 그것은 우리 사회가 동물과 함께 살아가기 위해 아직 풀지 못한 숙제, 그리고 외면해 온 책임을 고스란히 드러내는 상징이었다. 죽음을 정리하는 내 손길은 곧 생명 앞에서 우리가 어떤 태도를 가져야 하는지를 묻는 질문이었고, 동시에 공존을 향해 나아가기 위해 반드시 마주해야 할 현실이었다.

5월과 6월, 이 시기는 길고양이가 생명을 품는 시간인 것 같다. 그러나 그 생명은 너무 자주 비극으로 이어진다. 봄의 따뜻한 바람은 새로운 시작을 알리지만, 도로 위 현실은 그 따스함을 잔인하게 끊어내곤 한다.

불룩하게 부른 배를 안고 무거운 걸음으로 도로를 건너는 어미 고양이들. 임신으로 인해 평소보다 움직임이 둔해지고, 빠르게 달리는 차를 미처 피하지 못한 채 그대로 사고를 당하고 만다. 그들의 움직임은 본능적으로 새끼를 품고 안전한 보금자리를 찾아가는 여정이지만, 인간의 도로 위에서는 그것조차 허락되지 않는다.

그날도 어김없었다. 호계 장터를 지나 병원으로 향하는 길, 수많은 사람과 차량이 아무 일 없다는 듯 스쳐 지나가는 아스팔트 위에 참혹한 광경이 펼쳐져 있었다. 어미 고양이와 세상의 빛조차 보지 못한 새끼들의 주검이 무참히 널려 있었던 것이다. 순간, 내 발걸음은 돌처럼 굳어 버렸다.

어미의 배는 처절하게 갈라져 있었고, 붉고 끈적한 창자가 아스팔트 위를 가로질러 흘러내리고 있었다. 그 곁에는 아직 태어나지도 못한 새끼들이, 뭉개진 머리와 미처 숨도 쉬어보지 못한 작은 몸으로 어미와 함께 싸늘히 식어 있었다. 그 광경은 비명이 없는 비명이었고, 시작조차 허락받지 못한 생명의 소멸을 눈앞에서 목도하는 듯했다. 나는 그 자리에서 한참을 움직이지 못한 채, 차갑게 얼어붙은 시간 속에 갇혀 버렸다. 쉴 새 없이 지나가는 자동차들만이 그 참혹한 현실을 무심히 외면한 채 지나가고 있을 뿐이었다.

만약 이 끔찍한 사고가 없었다면, 저 작은 생명들은 어미의 따스한 품에 안겨 연약한 울음으로 세상에 첫인사를 건넸을 것이다. 작은 혀로 어미의 젖을 찾으며, 몸을 온기로 채워 갔을 것이다. 그러나 그 모든 가능성과 희망은 피로 얼룩져, 차가운 아스팔트 위에 널브러져 있었다.

어미의 품속에서 새로운 세상을 꿈꾸었을 생명들이, 세상에 태어나지도 못하고 함께 꺼져간다는 사실. 그것은 단순한 죽음을 넘어서는, 인간이 감히 다 헤아릴 수 없는 차원의 슬픔이었다. 마치 삶과 죽음, 시작과 끝이 한순간에 뒤엉켜 버린 듯한 비극. 나는 그 앞에서 미안하다는 말조차 할 수 없었다. 그 순간 나는, 생명이란 존재 자체가 얼마나 연약하면서도 동시에 귀한 것인지를 느낄 수 있었다.

인간의 바쁜 시간 때문에

　인간은 늘 바쁘다. 그러나 정작 왜 바쁘게 살아야 하는지에 대한 성찰조차 없이, 무심히 바쁨 속에 자신을 몰아넣는다. 그 바쁨이 나 개인의 문제에만 머무르지 않고, 때로는 다른 존재의 생명마저 위협할 수 있다는 사실을 과연 얼마나 자각하고 있을까? 나만 괜찮다고 해서 세상 전체가 괜찮아지는 것은 아니다. 우리가 바쁘게 달려온 길 위에는 수많은 생명의 희생이 쓰러져 있다. 로드 킬로 죽어간 동물들의 몸은 인간의 무분별한 속도와 바쁨이 남긴 그림자이며, 그 죽음은 인간에게 근원적인 질문을 던진다. "도대체 무엇을 향해, 왜 그토록 바쁘게 달려가는 가?"라는 물음, 그 앞에서 우리는 삶의 본질과 속도의 의미를 다시 생각하지 않을 수 없다.

7번 국도. 이곳은 차량의 통행이 끊이지 않고, 속도는 시속 80km를 훌쩍 넘는다. 차들이 쏜살같이 오가는 그 길 위에 고라니가 로드 킬을 당했고, 도로 전체는 핏빛으로 물들며 참혹한 광경이 펼쳐져 있었다. 계속 달려오는 차의 타이어에 치이고 또 치이며 점점 더 형체를 잃어갔다. 머리와 다리, 내장 등이 도로 위 여기저기에 흩뿌려져, 더 이상 하나의 생명체였다는 흔적조차 찾기 어려운 상태가 되었다. 바람을 타고 코끝을 찌르는 비릿한 피 냄새와 아스팔트 위에 번진 검붉은 자국은 시간이 지나도 쉽게 지워지지 않았다. 그런 장면 앞에서는 숨을 들이쉬는 것조차 고통스럽다. 눈을 감아도 선명하게 남아 있는 붉은 잔상은 오래도록 마음을 짓누르고, '생명'이라는 단어가 이토록 무력하게 짓밟힐 수 있다는 사실이 가슴 깊숙이 비수처럼 꽂혔다.

울산의 아산로는 갓길도 없는 구조다. 차를 세우고 수습할 수 있는 공간조차 없다. 동물의 사고를 목격하더라도, 바로 다가설 수 없다는 현실이 더없이 안타깝다. 강가에서 고양이나 고라니가 죽어 있을 때, 그 앞에서 차를 세우지 못하고 그냥 지나

나는 길고양이 장의사

쳐야 하는 순간은 그 자체로 또 다른 고통이다. 그럴 땐 경찰의 도움이 절실하다. 112에 전화를 걸면, 순찰차가 와서 도로를 잠시 막아준다. 비로소 나는 움직일 수 있다. 그 짧은 시간 안에 모든 것을 끝내야 한다. 나는 그들을 조심스럽게 감싼다. 죽음이 이토록 무겁게 느껴지는 이유는 그것이 단지 끝이 아니라, 한 생의 이야기가 도중에 찢긴 흔적이기 때문이다. 도로 위에 흩어진 흔적 하나하나에서 그들의 고통이 느껴진다.

차가운 아스팔트 위
따뜻했던 숨결 하나가 식는다
처참하게 짓이겨진 몸
누가 이름을 불러주었을까
누가 마지막 눈빛을 보았을까
인간의 빠른 시간 때문에
너는 너무도 빨리 지워졌구나

마치 그들이 느꼈을 공포와 아픔이, 시차를 두고 내게 전해지는 듯하다. 이름도 모르고, 누구에게도 기억되지 않을 그 생명들에게 인간이 해줄 수 있는 마지막 미안함을 전한다. 차가운 길 위에서 홀로 사라지지 않도록 조용히, 정중하게, 그들의 흔적을 거둔다. 그것이 나의 일이며, 이 길 위에서 내가 존재하는 이유다.

단순한 죽음이 아닌
동물의 죽음

　태풍이 지나간 어느 날, 정자 해안 근처 다리 아래에서 개 사체가 떠내려와 있다는 신고가 접수되었다. 구조 요청이 들어오면 즉시 출동해야 하기에, 나는 늘 해오던 대로 현장으로 향했다. 개는 이미 숨이 끊어진 상태였고, 온몸은 물에 젖은 채 차가워져 있었다. 나는 평소처럼 조심스레 수습해 정해진 절차어 따라 처리했다. 그것이 끝이었다고 생각했다.

　그런데 얼마 후, 북부 경찰서로부터 전화가 걸려왔다.

　"죽은 개, 혹시 병원에 데려가서 부검이나 사인을 알아볼 수는 없었습니까?"

나는 당황한 채 대답했다.

"이미 바다에 떠밀려와 숨이 멈춘 지 오래된 상태였고, 수습 직후 매뉴얼대로 처리했습니다. 그렇게 손상된 개를 동물병원에 데려간다 한들 정확한 사인을 알 수는 없습니다."

그러자 경찰은 뜻밖의 말을 덧붙였다.

"그럼, 참고인 조사를 받으러 경찰서로 출석해 주셔야 합니다."

당황스러웠다. 단순한 수습이었고, 그것이 내 역할의 전부였다. 하지만 사연은 더 복잡했다. 알고 보니, 사건의 배경은 한 마을에서 벌어진 갈등이었다.

○○ 마을 전원주택에 살던 한 주민이 반려견을 키우고 있었는데, 그 개가 평소 자주 짖어 이웃의 심한 반감을 사고 있었다고 했다. 그러던 어느 날, 견주가 외출한 사이 개가 사라졌고, 며칠 후 그 개가 바다에서 죽은 채 발견되었다. 견주는 이웃이 평소 앙심을 품고 있다가 개를 때려죽인 것이라며 고발장을 낸 것이다.

나는 길고양이 장의사

나는 경찰 조사에서 말했다.

"저는 구조 요청에 따라 현장에 출동했고, 매뉴얼대로 수습했습니다. 발견 당시 개는 이미 사망한 상태였고, 특별한 외상이나 사인을 확인할 수 있는 상태도 아니었습니다. 병원 검사를 의뢰할 수도 없는 상황이었습니다."

사람과 동물 사이의 관계가 점점 밀접해지는 요즘, 반려동물을 단순한 '동물'로 보지 않는 사회적 인식은 이제 당연한 흐름이 되었다. 그렇기에 구조자, 수습자의 역할도 점점 더 무게를 가진다. 단순히 '죽은 동물'을 치우는 행위를 넘어, 그 이면에 얽힌 사연이나 법적 책임까지 고려해야 하는 시대가 된 것이다.
이와 비슷한 일은 또 있었다. 성안동 도로에서 로드 킬을 당한 개 한 마리를 수습한 일이 있었다. 당시 개는 차에 치여 심하게 훼손된 상태였고, 사체는 형태를 알아보기 어려울 정도였다. 그날 이후 며칠이 지나, 구청에서 전화가 걸려왔다.

"혹시 빨간 옷을 입은 개를 수습하신 적 있으십니까?"
개가 입고 있던 옷까지 기억하기는 쉽지 않다. 특히 로드 킬의 경우, 사고 충격으로 옷이 찢기거나 피로 인해 식별이 어려운 경우가 많다. 그래서 나는 솔직히 기억나지 않는다고 답했다. 그랬더니 이번엔 경찰서에서 다시 전화가 왔다.

"왜 수습해 놓고 안 했다고 하십니까? 밤 11시 40분, 성안동 CCTV에 정확히 찍혀 있습니다. 빨간 옷 입은 개, 맞습니다."

순간 숨이 막혔다. 나는 거짓을 말할 의도는 없었다. 단지 현장에서의 기억은 흐릿했고, 더구나 밤이었고 개의 옷 색깔까지 명확히 인식할 여유도 없었다. 하지만 나의 답변은 의심으로 이어져 나는 또다시 참고인 조사를 받게 되었다.

이런 경험을 통해 나는 한 가지를 절실히 느꼈다. 동물의 생명이 사회적으로 가지는 의미가 달라지고 있다는 것이다. 반려동물은 이제 가족으로 인식되며, 그 죽음 또한 단순한 사고가 아닌, 사회적 사건으로 확장되고 있다. 누군가에게는 하루의 일상이지만, 또 다른 누군가에게는 깊은 슬픔이고, 법적 책임의 시작점이 되기도 한다.

과거에는 "길에서 개가 죽었대요."라는 말이 지금은 그 뒤에 경찰 조사, 갈등, 분쟁, 법적 처리까지 이어지는 일이 낯설지 않다. 그렇기에 동물을 대하는 태도뿐만 아니라, 동물과 관련된 모든 행동 하나하나가 보다 신중해져야 한다는 책임감을 느끼게 되었다.

　죽음은 조용하지만, 그 죽음을 둘러싼 이야기들은 결코 가볍지 않다. 그 안에는 사랑, 갈등, 책임, 슬픔이 겹겹이 쌓여 있다. 나는 그 한복판에서 때론 해석자이자, 때론 증인이 되곤 한다.

나는 길고양이 장의사

호프집 앞에서 죽은 고양이

호프집 앞에 고양이가 죽어 있다는 신고 전화를 받고 서둘러 달려간 곳에는 생을 다한 작은 고양이가 조용히 누워 있었다. 사고는 차량에 의한 것이었다. 도로를 가로지르던 고양이는 한 순간의 충돌로 생명이 꺼져갔고, 처음에는 살아 있었다는 말이 아프게 들렸다. 그 짧은 희망의 순간은, 도로 밖 가게 앞으로 옮기기까지의 틈 사이에 사라졌다.

고양이는 이미 인도 위로 옮겨져 있었고, 그 옆에는 호프집의 여성이 고요히 앉아 기도하고 있었다. 그녀는 고양이를 보고

"나쁜 사람…"이라며 작게 중얼거렸다. 그것은 가해 차량에 대한 분노이자, 연약한 생명이 떠나는 과정을 눈앞에서 마주한 상실감이었다.

나는 조심스럽게 고양이를 박스에 담았다. 거리에서 태어나 거리에서 살아온 고양이는 이제 거리의 품을 떠나는 순간이었다. 이 일은 단순한 수습이 아니다. 나는 길고양이들의 삶과 죽음을 지켜보며, 그 마지막을 책임지는 '길고양이 장의사'란 생각이 들었다. 이름 없고 무심히 지나치는 존재일지라도, 나는 그 생에 마지막 인사를 건네고, 누군가의 기억 안에 그들을 남겨주려 한다.

그녀 또한 마찬가지였다. 한 생명이 떠나는 순간을 기도로 지키는 마음이 나와 같다는 생각이 들었다.

오늘도 나는 길 위의 작고 고요한 죽음을 마주했고, 그 곁에 서 있었다. 이 역할은 감정과 책임의 경계선 위에 서 있는 일이다. 누군가는 지나쳐도, 나는 멈춘다. 그리고 그 생명이 지나온 자리를 묵묵히 정리한다. 그 마지막이 외롭지 않도록, 그 죽음이 아무렇지도 않게 취급되지 않도록, 나는 그들의 작은 장례를 몸과 마음으로 치른다.

생명이 존재했던 흔적을 마무리하는 일

깊은 밤, 침묵을 깨운 한 통의 전화가 울렸다. 시각은 11시 무렵, 도시가 조용히 잠들기 시작할 시간이었다. 길고양이 한 마리가 사고를 당했다는 신고였다. 나는 장비를 챙겨 서둘러 현장으로 향했다.

도착하자마자 눈에 들어온 것은 피로 얼룩진 고양이의 사체였다. 붉은 얼룩이 아스팔트 위에 번져 있었다. 고양이는 이미 생명이 닿지 않는 곳에 있었지만, 그 표정은 아직 어딘가 살아 있는 듯 담담했다.

그 자리에 있던 신고자는 고양이 사체를 보고 마음이 아파서 곧바로 신고했다고 했다. 피가 흐른 자리를 지켜보던 그녀의 눈빛엔 분노보다는 무력감, 그리고 애틋함이 담겨 있었다.

나는 조심스럽게 사체를 수습했다. 길 위에서 잊힌 생명을 마지막까지 지켜주는 일, 그건 단순한 처리나 일상이 아니었다. 내겐 그것이 곧 '길고양이 장의사'로서의 책임이었다. 하나의 생명이 존재했던 흔적을 존중하는 마무리였다.

사체를 박스에 담고 정리를 마무리하자, 신고자가 "잠깐만요!" 하고 외쳤다. 그녀는 편의점으로 달려가 한 박스 가득 음료수를 들고 돌아왔다.

"좋은 일 하시네요… 너무 감사해요."

짧지만 진심이 담긴 인사였다. 순간, 밤의 공허함 속에서 아주 작지만 선명한 보람이 느껴졌다.

나는 다시 조용히 길을 떠났다. 또 다른 거리, 또 다른 생명을 향해.

빗속에 떠난 작은 생명

아침부터 비가 내렸다. 많지도, 적지도 않은 그 비는 사람의 성향에 따라 다르게 느껴질 만큼 오묘했다. 부지런한 이에게는 상쾌함이고, 게으른 이에게는 게으름의 핑계였다.

'오늘처럼 적막하고 젖은 날에도 길 위로 나오는 고양이가 있을까?' 그런 생각을 하는 순간, 전화벨이 울렸다. 오토벨리 도로, 고양이가 죽었다는 신고였다. 전화를 받는 그 짧은 사이, 비는 점점 심해졌다.

나는 길고양이 장의사

현장은 고요하면서도 묘하게 무거운 공기가 흘렀다. 빗물이 도로 위에 고여 있었고, 그 위에 작은 고양이 한 마리가 키에 흠뻑 젖은 채 누워 있었다. 이미 숨은 끊어진 뒤였고, 차가운 몸은 더 차가운 물에 떠 있는 듯했다. 그 모습을 보고 있자니, 비에 젖은 건 옷뿐만이 아니었다. 나도 모르게 마음 한편이 젖어갔다.

나는 조심스럽게 고양이를 들어 박스 안에 눕혔다. 아무도 없는 도로에서, 비와 함께 고양이를 떠나보내는 시간. 나는 '길고양이 장의사'로서 또 하나의 작은 생명을 마무리했다.

그날따라 비는 유난히 무심했다. 내 옷도, 내 마음도, 고양이의 마지막도 모두를 적셔냈다. 아무도 알아주지 않는 일이지만, 누군가는 해야 할 일이다. 비에 젖어 떠난 그 고양이는 이제 나의 기억 속에 남았다.

머플러 관

저녁 어스름이 내려앉은 7시경, 한 통의 전화가 울렸다.

"예전에 한 번 신고했던 사람이에요. 번호 받아두었거든요… 좋은 일 하시길래요."

그 말은 단순한 정보 전달을 넘어서, 누군가의 진심이 전해지는 순간이었다. 이름도, 얼굴도 잘 기억나지 않지만, 그 마음은 선명했다.

"○○ 아파트 주차장으로 와주실 수 있을까요?"

급히 찾아간 아파트 주차장엔 조용히 눈을 감은 검은 고양이 한 마리가 있었다. 아무도 모르게 세상을 떠난 작은 생명. 그 앞엔 한 여성이 조심스럽게 머플러를 풀어 고양이 몸을 덮고 있었다. 매일 목에 걸고 다녔을 자신의 물건으로.

"그냥 지나칠 수가 없었어요. 우리 집에도 반려동물이 있어서요⋯. 제발, 잘 부탁드려요."

그의 말 한마디 한마디엔 애틋함이 담겨 있었고, 합장하며 반복하던 인사는 마치 고양이에게 바치는 마지막 인사 같았다.
그 순간, 그 공간은 단순한 주차장이 아니었다. 이름 모를 고양이, 낯선 사람, 그리고 조용한 저녁⋯. 모두가 서로의 마음에 작은 흔적을 남긴 장면이었다. 생명에 대한 존중, 타인에 대한 신뢰, 그리고 일상 속에서 피어난 진심의 온기.

나는 길고양이 장의사

앞치마 관

신고를 받고 현장에 도착했을 때, 아주 어린 고양이는 마지막 숨을 얕게 토해내고 있었다. 삶과 죽음의 경계에 아슬하게 머물며 작은 가슴이 미세하게 들썩였고, 공기는 무거웠다. 그 옆엔 한 여성이 조심스럽게 발걸음을 멈춘 채 지켜보고 있었다.

"아이고…. 불쌍한 것…."

그녀의 말은 단순한 동정이 아니었다. 놀람, 안타까움, 그리고 어쩔 줄 몰라 하는 마음이 뒤엉켜 터진 탄식이었다. 그 눈빛엔 생명 앞에서 인간이 느끼는 무력감과 연민이 고스란히 담겨있었다.

그녀는 일터에서 입고 온 앞치마를 벗어 어린 고양이의 몸 위에 덮어주었다. 차가운 아스팔트 위에서 덧없는 생명을 덮기엔 너무 얇은 천이었지만, 그 따뜻한 마음만큼은 충분했다.

조심스럽게 박스에 고양이를 옮겨 담았다. 막상 들여다보니 고양이는 이미 숨을 멈춘 상태였다. 조용하고 작은 마감이었다. 아무도 모르게 세상을 떠난 이 작은 존재를 위해, 그녀는 예툿한 마음을 꾹 눌러 담으며 물었다.

"동물병원에 데려가야 하는 거 아니에요?"

그 질문은 혹시나 하는 희망과 책임감 사이에서 나온 것이었다. 나는 조심스럽게, 그러나 명확하게 답했다.

"이미…. 떠났습니다."

그녀는 아무 말 없이 나를 바라보다가, 조용히 등을 돌려 걸음을 옮겼다. 말없이 떠나는 그 발걸음엔 안타까움이 묻어 있었다.

나는 길고양이 장의사

인간이 만든 자동차에 치인 작은 생명
피 묻은 아스팔트 위에 홀로 누워 있다
사람의 발걸음 서둘러 지나가고
자동차 바퀴도 바쁘게 지나갔다
나는 조심스레 다가가 품에 안는다
세상이 외면한 마지막 체온

두 손으로 천천히 더듬으며
한 생이 가졌던 무게를 되새긴다
누군가는 쓰레기라 부르겠지
그러나 내 눈앞의 존재는
작은 심장으로 이 거리를 살아낸
엄연한 한 생명이었다

길 위에서 장례를 치른다
차갑게 식어버린 몸을 수습하고
조용히 눈을 감겨 주며
그 영혼이 무지개 다리를 건너
조금은 더 따뜻한 곳으로 가기를 기도한다
삶과 죽음이 교차하는 이 거리에서
한 생을 대신 애도하고
마지막 인사를 건넨다
그렇게 매일
낯선 얼굴의 길고양이들이
내 품을 지나 저편으로 떠나간다

나는 길고양이 장의사.

끝까지 살아보려는 마음

어린이날 저녁 8시 무렵, 도심은 조용했다. 낮 동안 떠들썩하던 거리엔 고요가 내려앉고, 불빛 사이사이로 어둠이 스며들고 있었다. 그때 한 통의 신고 전화가 걸려왔다.

"고양이가 도로에 쓰러져 있어요. 아직 죽지 않았습니다."

그 말을 듣는 순간, 내 마음 깊은 곳에서 작은 희망이 피어올랐다. 아직 살아 있다면, 어쩌면···. 고통스러워도, 어쩌면 살 수 있을지도 모른다는 바람이 생겼다.

현장에 도착했을 때, 고양이는 거의 숨이 끊어지기 직전이었

나는 길고양이 장의사

다. 몸은 축 늘어져 있었고 눈빛은 흐릿했다. 하지만 믿기 어렵게도, 녀석은 고개를 들고 마지막 힘으로 숨을 몰아쉬었다. 움직일 수 없는 몸, 떨리는 숨결 속에서도 고양이는 살아 있으려 애썼다.

내가 손을 내밀자, 그는 힘겹게 나를 물고 할퀴려 했다. 무기력한 몸짓이었지만, 그건 분명 저항이었다. 고통 속에서도 삶의 끈을 놓지 않으려는 마지막 발버둥이었다.

그때 나는 깨달았다. 살아 있으려는 본능은 끝내 무너져도 우리 안에서 마지막까지 남아 있는 가장 강한 의지라는 것을.

나는 고양이를 조심스레 안고 도로 밖으로 옮겼다. 그러고는 동물병원 원장에게 급히 연락했다. 원장은 바로 달려와 녀석을 데려갔다. 그렇게 생의 마지막 희망이 병원으로 향했다.

하지만 다음 날 아침, 병원에서 들려온 소식은 안타까웠다. 고양이는 도착한 지 30분 만에 치료 도중 세상을 떠났다고 했다. 그 말을 듣는 순간, 가슴 깊은 곳에서 뭔가 무너지는 듯했다.

그러나 나는 그날의 고양이를 실패한 생명이라 말할 수 없었다. 오히려 마지막까지 살아 있으려 애쓴 존재라고 생각했다. 움직일 힘이 없어도, 죽음이 문턱 앞까지 와 있어도 그는 숨을 쉬었고, 저항했고, 눈을 떴다. 그 모든 몸짓은 작고 연약했지만, 동시에 이 세상에서 가장 단단하고도 강한 삶의 의지였다.

그 모습은 꼭 우리 인간의 삶과 닮아 있었다. 우리 인간에게도 산다는 건 쉽지 않다. 실패하고, 부서지고, 아무도 나를 알아주지 않는 날이 이어질 때, 우리는 무너진다. 때로는 '여기까지인가' 싶은 순간이 찾아온다. 그래서인지 우리나라는 안타깝게도 자살률이 세계 최고다. 너무 많은 사람이 끝까지 견디지 못하고 떠난다. 이 세상은 그런 사람들에게 너무 가혹하다.

하지만 그날 내가 만난 그 고양이는 말해주었다.

"넘어져도, 움직일 수 없어도 숨을 쉴 수 있으면 살아 있는 것이다."

"누가 알아주지 않아도, 나 하나만이라도 나를 붙들면, 살아볼 이유는 남아 있는 것이다."

당신이 실패했더라도 괜찮다. 누구보다 치열하게 살아보려 애썼던 당신을 이 세상은 알아주지 못했을지 몰라도, 당신의 삶은 알고 있다. 그 고양이처럼, 당신도 살아 있으려 했고, 살아내려 애썼다. 그것만으로도 충분하다.

살아간다는 건 성공이 아니라, 끝없이 다시 일어서려는 결심 그 자체다. 그러니 부디, 오늘 하루만이라도 더 버텨달라고, 나는 조심스레 말해본다. 당신이 지금 어떤 어둠 속에 있든지 간

나는 길고양이 장의사

에, 그 속에서도 여전히 고개를 드는 당신은 결코 약하지 않다. 결코 실패한 존재가 아니다.

그리고 나는 오늘도 스스로에게 묻는다.

"나는, 당신은…. 절망 속에서도 살아보려 애쓰고 있는가?"

그렇다면, 우리는 아직 살아 있는 것이다. 아직 희망은 있다.

숨을 쉰다는 것, 그것은 희망이다

숨을 쉰다는 건
가느다란 불씨가 꺼지지 않고
아직 가슴속에 남아 있다는 것

세상이 몰라줘도
단 한 사람, 나라도
내 어깨를 감싸안는다면
버틸 이유는 여전히 남아 있다는 것

삶은 거창한 증명으로 이어지지 않는다

그저 하루하루
내 안의 작은 불씨를 지키는 일
언젠가 바람이 불고 불타오르는 날 있을지니

당신도 살아 있으려 애쓴다면
그 애씀 자체가
이미 살아가기에 충분한 희망이다.

한 학생의 따뜻한 마음

○○중학교 앞 삼거리. 하교 시간의 분주함 속, 나는 "고양이가 죽어 있다."라는 신고를 받고 현장으로 향했다. 학생들이 오가는 길옆에, 고양이 한 마리가 처참한 모습으로 죽어 있었다. 작은 몸은 이미 찢겨 있었고, 노란 눈은 떠진 채 하늘을 향해 굳어 있었다. 몸 일부는 타이어에 눌린 듯 평평하게 찌그러져 있었고, 검은 털은 피와 흙, 먼지 범벅이었다. 죽음이란 것이 이렇게 가까이, 이렇게 무방비한 채 길 위에 남겨져 있었다.

나는 천천히 차에서 고양이를 수습할 도구를 꺼냈다. 천 조각과 장갑, 그리고 고양이의 마지막을 위한 작은 상자 하나.

현장에 다가가자, 학생들의 떠들썩하던 목소리가 멈췄다. 낮

선 정적 속에 속삭임이 흘렀다.

"으악, 피 봐…."
"야, 저거 진짜 죽은 거야?"

몇몇은 핸드폰을 꺼내다 말고, 대부분은 고개를 돌린 채 발걸음을 재촉했다. 죽음은 그날 고양이만큼이나 아이들에게도 낯설고 무서운 것이었다.

나는 익숙한 동작으로 고양이의 몸을 감쌌다. 살점이 떨어지지 않도록 조심히 천을 두르고, 부러진 다리를 정리했다. 마지막이라도 단정하게.

그때였다. 뒤에서 운동화 소리가 또박또박 다가왔다. 중학생쯤 되어 보이는 한 남학생이 내 옆에 멈춰 섰다. 잠시 머뭇거리던 아이는 조용히 말을 건넸다.

"할아버지… 도와드릴까요?"

나는 아이를 바라보며 미소를 지었다.

"아니야, 괜찮아. 네 마음만으로도 충분해."

하지만 아이는 고개를 끄덕이더니 조용히 내 옆에 다가섰다. 손에 묻을 피나 냄새에 대한 망설임도 없이, 조심스럽게 고양이의 몸에 덮는 천을 고쳐 주었다. 피로 젖은 털을 바라보는 그 아이의 눈에는 두려움이 아닌, 깊은 연민이 서려 있었다.

"하필 학교 앞에서…. 친구들은 그냥 다 지나가요."

그 아이가 낮은 목소리로 말했다. 나는 천천히 고양이를 상자에 담으며 물었다.

"너는 무섭지 않았니?"

그 아이는 고개를 저었다.

"죽었다고 무서운 건 아닌 것 같아요. 그냥…, 불쌍혀서요. 누군가 안아줬으면 했어요."

나는 고양이의 몸을 조심스럽게 쓰다듬으며 말했다.

"살아 있을 땐 귀엽다고 쓰다듬었을지도 모르지. 이름도 붙였

을 거야. 근데 죽고 나니 아무도 안 보려고 해. 이 아이는 그걸
느꼈을지도 몰라."

나는 고양이 사체가 들어있는 상자를 들고 자리에서 일어났
다. 아이도 함께 일어났다. 두 손을 무릎에 닿도록 털더니 나를
바라보았다.

"고맙다."

나는 다시 한번 말했다. 그날, 고양이는 조용히 떠났고, 그 아
이는 누구보다 따뜻한 어른이 되어가는 길 위에 있었다.

비 오는 밤의 고라니

세상을 온통 집어삼킬 듯, 억수 같은 비가 쏟아지던 밤이었다. 밤 8시, 정적을 깨고 전화벨이 울렸다. 북구에서 걸려온 다급한 목소리였다.

"공항 앞 지하도 근처입니다. 고라니 한 마리가 차에 치였어요. 아직, 아직 살아 있습니다. 제가 곁을 지키고 있습니다.'

수화기 너머로 들려오는 목소리에는 빗소리와 함께 긴장과 안타까움이 짙게 배어 있었다. 자신을 납품 차를 모는 트럭 기사라 밝힌 그는, 칠흑 같은 어둠 속에서 거센 비를 뚫고 달리던 그의 시야에, 도로에 쓰러진 작은 생명이 들어왔다고 했다. 그는 망설임 없이 차를 갓길에 세우고, 자신의 일을 멈추고 그 자리에 섰다.

나는 서둘러 장비를 챙겨 현장으로 달려갔다. 자동차 와이퍼가 쉴 새 없이 창문을 닦아냈지만, 세상은 온통 흐릿한 비빛이었다. 마침내 현장에 도착했을 때, 도로 위에는 한 남자의 실루엣과 그 발치에 조용히 누워있는 고라니가 보였다. 하지만 안타깝게도, 고라니는 이미 숨을 거둔 뒤였다. 그토록 세차게 내리던 비를 온몸으로 맞으며, 마치 깊은 잠에 빠진 듯 고요히 누워있었다. 그 남자도 온몸으로 비를 맞고 있었다. 우산 하나로는 도저히 감당할 수 없을 만큼 세차게 퍼붓는 비에 옷은 이미 물에 빠진 듯 흠뻑 젖어있었다.

"왜 그냥 지나치지 않으셨나요?"

조심스러운 물음에, 그는 잠시 숨을 고르더니 말했다.

"혹시라도 다른 차가 또 칠까 봐서요. 그래도 이 녀석, 아직 숨을 쉬고 있었으니까요."
"얼마나 기다리셨습니까?"

"한 40분쯤 됐습니다."

40분. 누군가에게는 찰나일지 모르지만, 생사의 경계에 선 작은 생명과 그 곁을 지키는 사람에게는 긴 시간이었을 것이다. 그는 한 생명이 고통 속에서 희미하게 눈을 깜빡이는 그 길 위에서, 세상의 모든 소음과 비바람을 홀로 맞으며 묵묵히 서 있었다. 내가 갔을 때 고라니는 죽어 있었다.

트럭 기사는 힘없이 고개를 떨구며 말했다.

"살았으면… 정말 좋았을 텐데요. 그래도 이렇게 와주셔서 정말 감사합니다."

그의 얼굴에 스치는 허탈함을 보며, 나는 말없이 자루를 꺼내 고라니의 사체를 조심스럽게 담았다. 빗물에 젖어 차갑게 식어버린 털끝마다 동그란 빗방울이 보석처럼 맺혀 있었다. 비는 여전히 그칠 줄 몰랐다.

규정대로라면 고라니 사체를 실은 내 차는 북구의 대형 폐기물 처리장으로 향해야 했다. 그러나 나는 핸들을 다른 방향으로 돌렸다. 그러고는 나의 배 과수원 옆에 작은 구덩이를 파고 그곳에 고라니를 묻어주었다.

물론 이것은 파리나 구더기로 인한 2차 감염을 막기 위한 가장 위생적이고 효과적인 방법이기도 하다. 하지만 나에게 이 일은 단순히 죽은 동물을 '처리'하는 행위를 넘어, 한 생명의 마지막 길을 배웅하는 나만의 의식과도 같은 것이다.

자동차에 속절없이 쓰러져간 고라니. 그렇지만 그 비 내리는 밤, 자신의 시간을 멈추고 기꺼이 방패가 되어준 한 사람이 있

나는 길고양이 장의사

었다. 어쩌면 우리가 사는 이 세상이 아직 살만하다고, 다직은 따뜻하다고 말할 수 있는 이유는, 이처럼 이름 모를 곳에서 묵묵히 자신의 온기를 나누는 사람들 덕분인지도 모른다.

하룻밤, 세 생명을 보내며

그날은 유난히 많은 비가 내리는 밤이었다. 와이퍼를 아무리 빠르게 돌려도 시야가 흐릿했고, 거리의 불빛조차 힘겹게 번져 나오던 밤. 그런 밤이었다. 그런데 그 어둠 속을 가르며, 연달아 세 통의 전화 신고가 들어왔다. 모두 도로 위에 쓰러진 작은 생명들에 관한 이야기였다.

가장 먼저 전화가 걸려온 곳은 울산 북구 달천동이었다.

"늦은 시간에 죄송합니다. 그런데 여기 고양이가 있어요. 조심하세요, 차가 많이 다녀요."

나는 길고양이 장의사

신고자의 목소리는 조심스러웠고, 어딘가 떨리고 있었다. 그는 몸이 불편한 장애인이라고 자신을 소개하며, 간신히 말을 이어갔다. 대화는 매끄럽지 않았지만, 그의 마음만은 너무도 분명히 전해졌다. 그는 고양이의 사진과 위치를 함께 보내주었고, 나는 서둘러 현장으로 향했다. 하지만 도로 위는 이미 차들이 쉴 새 없이 지나가고 있었고, 고양이는 너무 작았다. 그리고 너무 늦었다. 그 아이는 이미 세상을 떠나 있었다. 나는 조심스럽게, 그 작은 생명을 수습했다. 아무도 관심을 주지 않았던 골목 한복판에서, 비를 맞으며 끝까지 외롭게 누워있었던 생명을.

잠시 뒤 또 다른 신고가 접수되었다.

"너구리 같아요. 비 오는 밤인데… 차 타고 지나가다 보았어요."

명촌교 인근, 평창리비에르 아파트로 들어가는 도로. 그 길을 따라 나는 40분 넘게 같은 도로를 돌고 또 돌았다. 비는 쉴 새 없이 내렸고, 도로는 한산했다. 그 고요함이 오히려 더 쓸쓸했다.

그리고 마침내 찾았다. 도로 한편, 차가운 아스팔트 위어 누워있는 너구리 한 마리를. 몸은 축축이 젖어있었고, 이미 숨은 멎은 지 오래였다. 하지만 너구리의 표정은 말이 없었고, 슬프게도 무언가를 전하려는 듯 보였다.

이제 도시는 점점 더 넓어지고, 더 곧아지고, 더 빨라지고 있다. 하지만 그 과정에서 야생의 길은 사라지고, 그 자리에 남겨진 이들은 갈 곳을 잃은 채 표류하다가 결국 도로 위에서 쓰러진다. 그 너구리 또한 더 이상 숨을 곳도, 돌아갈 길도 없이 비에 젖은 도시의 한가운데서 그렇게 쓰러졌다.

마지막 신고는 같은 날 밤, 명촌교 하이마트 인근 도로변에서 들어왔다. 고양이라는 말에 급히 달려갔지만, 사체는 이미 형태가 심하게 훼손되어 있었다. 차에 여러 번 치였는지, 고양이인지 개인지 분간이 되지 않을 정도였다. 나는 조심스럽게 그 흔적을 치웠다. 마지막 형체조차 잃어버린 생명. 그것이 고양이든 개든, 아니 이름도 알 수 없는 존재든, 한 생명을 마무리하는 일에는 늘 침묵이 필요하다.

신고자에게 전화해 말했다.

"잘 처리했습니다."

짧은 통화 끝, 그렇게 그날, 세 생명이 도로 위에서 조용히 숨

나는 길고양이 장의사

을 거두었다.

　함께 살아가는 도시지만, 그들은 말도 없었고, 저항도 없었고, 자신의 죽음을 알릴 힘조차 없었다. 하지만 누군가는 그들을 걱정했고, 누군가는 사진을 찍어 보내왔고, 누군가는 그곳을 찾아가 마지막을 정리했다.

한국의 산업화는 세계적으로 유례를 찾기 어려울 만큼 빠르게 진행되었다. 이는 곧 전례 없는 속도의 도시화를 뜻하며, 그 과정에서 수많은 도로가 건설되었다. 그러나 도시화의 이면에는 오랫동안 그 땅에서 살아온 '원주민'과도 같은 동물들이 있었다. 이들은 삶의 터전을 잃고, 새로 놓인 도로 위에서 안타깝게 로드 킬을 당하기도 했다. 우리는 산업화의 성과만이 아니라, 그 뒤에 가려진 동물들의 상실과 슬픔에도 귀 기울여야 한다. 그래야만 비로소 한국 사회가 사람과 동물이 함께 어울려 살아가는 진정한 공존의 길을 걸을 수 있을 것이다.

이 도시에서 사람과 동물이 공존하며 살아간다는 말은 그저 따뜻한 구호가 아니다. 누군가의 눈물, 누군가의 손길, 누군가의 기억 위에 서 있는 현실이다. 그들이 도로 위에 조용히 누워 있었던 이유는 사람이 너무 빨랐고, 너무 무심했으며, 너무 오래 외면해 왔기 때문이다. 그 밤의 비는 그저 날씨가 아니었다. 어쩌면 작은 생명들의 마지막 소리였을지도 모른다. 조금만 더 조심해달라고, 조금만 더 함께 살아달라고, 조금만 더 천천히 가라고.

해안도로에서 죽은 고양이,
그 바닷가의 밤

　지인들과 저녁 식사를 막 하려던 참이었다. 오랜만에 여유로운 시간을 보내려는 순간, 전화벨이 울렸다. 번호를 확인하자마자 나는 다시 현실로 돌아왔다. 내게 주어진 임무가 무엇인지 잘 알고 있었기에, 젓가락을 내려놓고 자리에서 일어났다.

　현장으로 향하는 길, 민원인에게 전화를 걸었다. 다급한 목소리가 들려왔다.

　"강동동 해안도로입니다. 고양이를 치었습니다. 저희가 그 자리에 있으니 제발 빨리 와주세요."

차를 몰아 해안도로로 서둘러 향했다. 이미 해는 저물고 있었고, 바닷바람이 부는 도로 가장자리엔 사람들이 몇 명 모여서 있었다. 가까이 다가가자, 도로 옆에 고양이 한 마리가 움직임 없이 누워있었다. 어두운 밤이었지만, 길가의 가로등 불빛 아래 작은 몸이 하얗게 드러나 있었다.

그 옆에는 젊은 남녀가 나란히 서 있었다. 손을 꼭 잡고 있었지만, 얼굴에는 깊은 침울함이 가득했다. 여자는 고개를 숙인 채 손등으로 눈물을 닦고 있었고, 남자는 말을 잇지 못한 채 안절부절못했다.

"저희는 바닷가를 산책하고 돌아가는 길이었는데, 갑자기 튀어나온 걸…. 정말, 피할 수가 없었어요."

남자가 떨리는 목소리로 말했다.

"차에 부딪히는 소리가 나서 멈춰 섰더니, 이미 늦었더라고요. 어떻게 해야 할지 몰라서. 그냥 갈 수도 없고…."

여자는 눈물을 삼키며 말을 이었다.

나는 길고양이 장의사

"모처럼 데이트하던 날이었는데…. 이런 일이 생길 줄은 몰랐어요. 고양이한테 너무 미안하고 정말 가슴이 아파요."

그들의 당황함과 죄책감이 고스란히 전해졌다. 갑작스러운 사고, 아무도 의도하지 않았지만, 그 안에는 생명의 무게가 고스란히 실려 있었다. 고양이의 작고 여윈 몸은 아무 말도 없었지만, 그 자리에 있는 모두의 마음을 묵직하게 만들고 있었다. 많은 사람은 도로 위에서 일어난 로드 킬을 단순한 사고로만 여기고, 아무렇지 않게 삶을 이어간다. 바퀴 아래에서 쓰러져간 작은 생명에 대해 깊이 생각하지도, 죄책감을 느끼지도 못한 채 무심히 지나쳐 버린다. 그러나 이 둘은 달랐다. 자신들의 발밑에 놓인 작은 고양이의 죽음을 단순한 불운으로 넘기지 않았다.

그 순간, 그것은 단순히 한 마리 길고양이의 죽음이 아니었다. 우리와 같은 생명의 끈을 지닌 존재가 쓰러진 사건이었다. 바로 그 인식이 이 둘로 하여금, 다른 많은 사람과 달리 죄책감을 느끼게 했던 것이다.

나는 부드러운 말투로 그들을 진정시켰다.

"운이 안 좋았던 거예요. 누구의 잘못도 아닙니다. 너무 마음에 담아두지 마세요. 남은 시간은 서로 따뜻하게 보내시길 바랍니다."

그들은 고개를 끄덕였지만, 여전히 눈빛이 흔들리고 있었다.

나는 조심스럽게 고양이의 몸을 수습했다. 아스팔트 위에 남아 있는 체온이 식어가고 있었다. 작고 연약한 이 생명도, 이 도로 위에서 많은 것들을 피하며 살아왔을 것이다. 그러나 오늘, 하필이면 데이트 중이던 연인의 차에 마지막 순간을 맞이하고 말았다. 그것이 운명이었는지, 우연이었는지 누구도 알 수 없지만, 참으로 씁쓸한 일이었다.

차로 돌아오는 길, 창밖으로 바닷바람이 스쳐 갔다. 차량에 부딪혀 삶을 마감한 고양이, 안타까움으로 미안함을 전하던 두 사람, 그리고 그 현장을 지켜보며 아무 말 없이 그들의 감정을 함께 감내해야 했던 나.

그 밤, 해안도로의 바다는 말없이 고요했지만, 마음 한편은 오래도록 잔물결처럼 일렁였다. 참 묘한 밤이었다. 짧은 생의 끝과 사람의 마음이 조용히 교차하던, 그 바닷가의 밤.

나는 길고양이 장의사

길고양이지만 생명은 존엄하다

　신고를 접수하고 급히 현장으로 향하던 길이었다. 앞이 잘 보이지 않을 만큼 비가 세차게 쏟아지고 있었다. 와이퍼는 쉴 새 없이 움직였지만, 창밖의 풍경은 번지는 물감처럼 흐릿하기만 했다.

　그때, 전화가 걸려왔다. 신고자였다. 다급한 목소리였다.

　"지금 어떤 남자가 왔는데요, 고양이를 분리형 쓰레기봉투에 다른 쓰레기랑 같이 넣어서 그냥 옆에 놓고 갔어요! 이렇게 함부로 처리해도 되는 거예요?!"

목소리는 격앙되어 있었고, 나는 순간 당황했다. 아직 현장에 도착하지도 않았는데, 마치 내가 그렇게 수습한 것처럼 오해한 것이다.

"여보세요, 그분이 누군지 모르지만, 저희는 절대 그렇게 처리하지 않습니다. 지금 현장으로 가는 중이니 조금만 기다려 주세요."

하지만 그는 진정되지 않은 듯 계속해서 꼬치꼬치 캐물었다. 어떻게 처리하는지, 왜 늦는지, 고양이 시신을 쓰레기처럼 다뤄도 되는 건지.

"기다릴 테니 꼭 오세요. 고양이지만, 그래도 생명인데 이렇게 함부로 하면 되겠냐고요."

그의 목소리엔 화도 담겨 있었지만, 그보다 더 깊은 건, 생명에 대한 존중과 슬픔 섞인 분노였다.

폭우 속을 뚫고 도착한 현장은 한적한 골목 어귀였다. 길 가장자리에 차 한 대가 서 있었고, 그 안에서 조용히 누군가가 나를 지켜보고 있었다. 가까이 다가가자, 차창이 내려지면서 중년의 남자가 고개를 내밀었다. 그의 눈빛은 여전히 상기되어 있었다.

고양이는 쓰레기봉투에 담겨 작은 담벼락 아래에 놓여 있었다. 흙이 튄 비닐봉지 한쪽이 젖어 축 늘어져 있었고, 그 안에 고양이의 몸이 억지로 말려 들어가 있었다. 몸이 굳은 채 구겨져 있는 모습은 더없이 안타까웠고, 가슴이 먹먹해졌다.

나는 차 안에서 준비해 온 박스를 꺼내 조심스럽게 고양이의 몸을 옮겨 담았다. 젖은 털에 비가 방울방울 맺혀 있었고, 작은 발은 얼어붙은 듯 굳어 있었다. 함부로 할 수가 없었다. 나는 천천히, 정중하게 그 박스를 차량 뒷자리에 모셔두었다. 마치 마지막 가는 길을 배웅하듯, 고개를 살짝 숙였다.

그 모습을 지켜보던 남자가 차에서 내려 조심스럽게 다가왔다.

"죄송합니다. 저는 아까 그 사람이 구청에서 나온 줄 알고….
이렇게 정성껏 처리하시는 줄은 몰랐습니다."

그는 고개를 깊이 숙이며 정중히 사과했다. 그의 눈에는 부끄러움과 함께 안도감이 서려 있었다.

"아닙니다. 생명을 소중히 여겨주셔서 감사합니다. 그 다음 덕분에 이 아이가 더 따뜻하게 떠날 수 있을 겁니다."

비는 여전히 거세게 쏟아지고 있었지만, 그 짧은 순간만큼은 고요했다.

사람은 때때로 오해를 한다. 하지만 그 오해조차도 진심에서 비롯된 것이라면, 그 끝에는 반드시 이해와 감동이 기다리고 있다.

그날, 비 오는 골목길에서 마주한 건, 단지 죽은 고양이의 주검이 아니었다. 그것은 작은 생명에 대한 존엄, 그리고 책임이 교차하는 가슴 따뜻한 장면이었다.

어느 청년의 아름다운 마음

휴가철이라 서울에서 직장에 다니는 아들과 며느리가 내려와 오랜만에 가족이 함께 외식을 하고 있었다. 저녁 6시 30분쯤, 식사가 한창일 때 중구청 당직실에서 전화가 걸려왔다. '새치'라는 동네에서 민원이 접수되었다는 내용이었다.

나는 곧바로 민원인에게 전화를 걸어 상황을 확인했다.

"위치만 알려주시면 제가 직접 가서 처리하겠습니다."라고 말했다.

그런데 잠시 후, 주소와 함께 고양이의 사진이 담긴 문자가 도착했다. 이어서 또 한 통의 문자 알림이 떴다.

"아무래도 제가 직접 전달해 드리는 게 마음 편할 것 같고, 카페 앞이라 아이 꺼내놓기가 좀 그래서 ㅜㅜ"

급한 상황 같아 가족과의 식사를 서둘러 마치고 현장으로 향했다. 도착하니, 작은 카페 앞에 분홍색 패드 위에 꽃잎으로 원을 그린 자리에 고양이 한 마리가 놓여 있었다. 그 옆에는 연인처럼 보이는 두 남녀가 서 있었다.

고양이 바로 옆에는 백화점에서나 볼 법한 고급스러운 명품 가방이 있었다. 내가 고양이를 데려가려 하자, 청년이 말했다.

"그런데…. 가능하시다면 이 가방에 넣어서 가주시면 좋겠습니다."

나는 가방에 고양이를 넣어 현장을 정리한 뒤 돌아가려 했다. 그때 청년이 다가와 말했다.

"잠시만 기다려 주세요."
"바빠서 가봐야 합니다."라고 대답했는데, 갑자기 그가 내 차키를 빼앗아 들고 달려갔다.

순간, 어리둥절해하며 1~2분 정도 기다리자, 청년이 숨을 고

나는 길고양이 장의사

고양이를 발견했을 때의 모습   꽃잎으로 둘러싸인 고양이

르며 돌아왔다. 손에는 시원한 과일 주스가 들려 있었다.

"죄송합니다. 이거 드리고 싶었는데 그냥 가실까 봐… 차- 키를 잠깐 빌렸습니다."

그의 말투와 표정에는 진심 어린 마음이 묻어 있었다.

그리고 청년은 말을 이어갔다. 다음은 청년의 이야기다.

그날 청년은 길가 한쪽에 쓰러져 있는 고양이를 발견했다고 했다. 차에 치인 듯, 온몸이 축 늘어져 있었고, 숨소리는 마치 꺼져가는 불씨처럼 희미하고 불규칙했다. 그 작은 몸이 힘겹게 들썩일 때마다, 금방이라도 마지막 숨을 내쉴 것만 같았다. 그 냥 지나칠 수 없었던 청년은 곧장 고양이를 조심스럽게 품에 안 았다.

따뜻한 체온이 조금이라도 전해지길 바라며, 그는 서둘러 차 문을 열고 조심스레 시트에 눕혔다. 그러고는 시동을 걸자마자 동물병원으로 향했다. 달리는 차 안에는 고양이의 거친 숨소리 가 간헐적으로 들렸고, 청년은 운전대를 잡은 한 손을 잠시 떼어 고양이의 등을 다독이며 나지막이 말을 건넸다. "조금만 버텨, 금방 도착해." 그 조용한 위로가 고양이에게 닿기를 바라면서, 청년은 신호등 하나하나가 더디게 느껴질 만큼 마음을 졸였다.

병원에 도착하자, 청년은 숨을 고를 틈도 없이 곧장 접수대로 향했다. 접수 직원에게 급하게 상황을 설명하며 고양이를 안고 기다리는 동안, 그의 손은 미세하게 떨리고 있었다. 직원이 안 내한 진료실로 들어서자, 수의사가 곧장 고양이를 받아 안았다. 작은 몸이 너무 연약해 손길이 조심스러웠고, 청년은 옆에서 숨 죽이며 지켜보았다.

엑스레이 촬영이 시작되자, 고양이는 겁먹은 듯 몸을 웅크리 고 숨을 고르며 연신 작은 신음을 냈다. 촬영비만 18만 원이 들었고, 결과를 확인한 수의사의 표정이 무겁게 굳어졌다.

"여러 부위가 골절돼 있고, 충격으로 방광이 파열된 상태입니다. 응급 수술과 회복 치료까지 포함하면 약 500만 원이 필요합니다."

고양이가 안타까웠지만, 현실은 냉정했다. 그 금액은 청년이 감당하기 어려운 것이었다. 안타깝지만 청년은 고양이를 집으로 데려와 돌보기로 했다. 고양이를 품에 안고 차로 돌아오면서도, 그는 시선을 떼지 못하고 작은 몸을 부드럽게 쓰다듬었다. 집에 도착해 패드를 펼쳐 고양이를 눕히고, 옆에 물을 두었다. 그러나 고양이는 이미 힘이 빠져 작은 숨만 가쁘게 내쉬었다. 고양이는 몸을 가볍게 떨며 숨을 몰아쉬었고, 가느다란 신음이 방 안에 잔잔하게 울렸다. 시간이 흐를수록 숨결은 점점 잦아들었고, 간헐적으로 몸을 움찔거리며 구토를 했다. 그리그 마침내, 고양이는 조용히 눈을 감았다.

나는 청년의 이야기를 들으며 숨을 고르고, 그의 표정과 말투 하나하나를 마음속에 담았다. 짧은 시간 동안 벌어진 일이었지만, 고양이가 마지막 순간을 그렇게 따뜻하고 안전한 품속에서 보냈다는 사실이 머릿속에서 쉽게 지워지지 않았다. 작은 생명을 살리기 위해 청년이 보여준 세심한 배려와 끝까지 책임지려는 마음은 단순한 행동 이상의 의미를 담고 있었다.

그는 고양이를 병원으로 데려간 다음, 치료가 어렵다는 사실을 알면서도 집으로 데리고 와서 마지막 순간까지 곁을 지켰다. 이 선택 하나만으로도 생명을 얼마나 소중히 여기는지를 분명하게 보여주었다. 나는 그의 마음을 생각하며 가슴이 뭉클해졌다.

작고 연약한 생명을 위해 한 사람이 보여준 사랑과 헌신, 그리고 책임감. 그것은 눈에 보이는 크기나 시간과 상관없이, 누군가의 마음속에 깊은 울림으로 남는다는 사실을 느꼈다. 그 따뜻한 마음이 나에게 전해져, 큰 감동으로 가슴 속을 가득 채웠다.

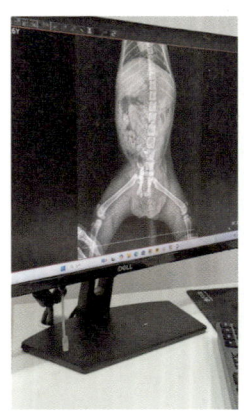
고양이 X-RAY

집에서 축 늘어진 모습

가방 속에 든 고양이

나는 길고양이 장의사

이 세상에서 살아갈 권리

　여느 때처럼 신고를 받고 현장으로 향했다. 도착하자, 작고 여린 새끼 고양이 한 마리가 도로변에 조용히 누워있었다. 이제 막 세상을 보기 시작했는지, 눈을 간신히 뜬 채로 몸은 말라 있었고, 숨결은 이미 오래전에 멈춘 상태였다.

　요즈음은 번식기라서 그런지, 유독 새끼 고양이의 사망 신고가 잦다. 그중에서도 오늘 만난 이 작은 생명은 유독 마음을 아리게 했다. 아직 제 몸도 가누지 못하는 어린 고양이가 어떻게 길가까지 나왔을까. 어미의 보살핌이 부족했는지, 아니면 세상에 대한 호기심에 잠시 둥지를 벗어났다가 변을 당한 것인지 정확히 알 수는 없었다. 다만 확실한 것은, 이 작은 존재가 살아갈

기회를 제대로 가져보지도 못한 채 짧은 생을 마감했다는 사실
이었다.

나는 조심스럽게 새끼 고양이를 품에 안았다. 손바닥 안에
들어올 만큼 작고 가벼운 생명이었다. 아직 따뜻했으면 좋겠다
는 헛된 바람과 함께, 그러나 아이의 몸은 이미 싸늘하게 식어
있었다. 그 무게 없는 무게가, 오히려 너무 무겁게 마음을 짓눌
렀다.

세상의 모든 생명은 이 땅에서 살아갈 권리가 있다. 그것이
사람인지, 동물인지, 혹은 작디작은 새끼 고양이 한 마리인지
구분 지어서는 안 된다. 살아 있는 것이라면 누구나 이 세상에
서 숨 쉬고, 자라고, 사랑받으며 살아가야 한다. 그 권리는 태어
남과 동시에 주어지는 것이지, 누구의 허락이나 심사로 부여되
는 것이 아니다.

그러나 오늘 내가 마주한 이 작은 새끼 고양이의 삶은 너무도
짧았다. 이제 막 눈을 떴고, 세상이 어떤 곳인지 알기도 전에,
고작 며칠 남짓한 생을 마치고 이 길 위에 쓰러져 있었다.

살아야 할 권리를 지녔음에도 불구하고, 그 권리를 누려볼
기회도 없이 세상을 떠나야 하는 존재가 있다는 사실은, 우리
사회가 아직 얼마나 생명에 대한 감수성이 부족한지를 말해주

는 듯하다. 너무 작고 너무 약하다는 이유만으로, 혹은 아무도 책임지지 않는 존재라는 이유만으로 삶의 권리가 이렇게 무참히 짓밟힐 수는 없다.

이 아이가 살아있을 때, 세상이 조금만 더 따뜻했다면 어땠을까. 고양이 한 마리가 지나가도 속도를 줄이는 운전자가 있었더라면, 쓰레기 더미 사이가 아닌 안전한 보금자리가 있었더라면, 이 짧은 생은 그렇게 허무하게 끝나지 않았을지도 모른다.

길고양이 장의사가 마지막으로 해줄 수 있는 것은 사채를 수습하는 일이다. 고양이를 담은 박스를 조심스레 차에 싣고 돌아서는 길, 마음속에는 말없이 사라진 작은 생명의 그림자가 따라붙었다. 그 아이는 계속해서 눈에 밟혔고, 밤이 되어도 떠오르기를 멈추지 않았다.

길고양이 장의사의 비 오는 날

　오후가 되자 갑작스레 하늘이 어두워지더니, 굵은 소나기가 주룩주룩 쏟아지기 시작한다. 빗줄기는 무심하고 성급하다. 나는 오늘 밤도 누군가의 전화를 받을 준비를 하며 대기 중이다. '오늘은 어떤 아이가 나를 부르게 될까?'

　처음엔 익숙해지지 않아 밤마다 마음이 무거웠지만, 이제는 그 무게를 안은 채로 조용히 기다리는 일이 일상이 되었다.

　나는 스스로를 '길고양이 장의사'라 부른다. 누군가는 내 일을 '고양이 사체 수거'라고 말할지도 모른다. 하지만 이 일은 단순히 시체를 치우는 일이 아니다. 길 위에서 홀로 생을 마친 아이들의 마지막을, 누군가 정성껏 마무리해 주기를 바라는 이들이 있기에, 나는 오늘도 빗속으로 떠날 준비를 한다.

　이렇게 비가 오는 날이면, 일은 평소보다 더 힘들다. 사체는 젖고, 물기 속에서 형태는 무너진다. 장갑을 껴도 손끝으로 스며드는 그 차가운 감촉은 결코 익숙해지지 않는다. 눈을 뜨고 보기조차 어려운 처참한 상태인 날도 있다. 하지만 그래도 나는 가야 한다. 왜냐하면, 그것은 '약속'이기 때문이다. 세상은 몰라도, 나는 그 생명과 마지막 인연을 맺은 사람이다. 또한 그것은 '책임'이기도 하다. 누군가는 외면한 자리, 누군가는 눈감은 시간 속에서도, 그 마지막 한 줌의 존재를 끝까지 지켜주는 일. 나는 그 의미를 믿는다.

　소나기는 여전히 그치지 않는다. 하늘조차 슬픔을 삼키지 못해 울고 있는 듯하다. 그럼에도 나는 긴 장화를 신고, 두꺼운 방수복을 챙긴다. 어떤 동물이 오늘 밤, 차디찬 아스팔트 위에서 마지막 숨을 몰아쉬고 있을지 모른다.

　비가 오나 눈이 오나, 나는 그 아이들을 외롭게 떠나보내지 않기 위해 길을 나선다. 이 일은 '죽음'을 향한 일이지만, 동시에 '존엄'을 향한 일이기도 하다. 그리고 나는 오늘도 그 존엄을 지키기 위해, 다시 한번 마음을 다잡는다.

　신고를 받고 도착한 현장은 한산한 골목길 하수구 옆이었다.

가까이 다가가자, 젖은 시멘트 바닥 위에 작은 새끼 고양이 한 마리가 조용히 누워있었다. 아직 털이 보송보송해야 할 시기인데, 온몸이 빗물에 흠뻑 젖고 몸 일부는 차량에 깔린 듯 심하게 손상돼 있었다. 생후 몇 주도 되지 않았을 만큼 작고 연약한 몸이었다. 조심스럽게 수거를 하고 돌아오는 길, 신고자에게서 전화가 걸려왔다.

"상태가 어때요…?"

그는 조심스레 물었다.
나는 잠시 머뭇거리다 말했다.

"비에 많이 젖었고, 차량에 깔린 흔적이 있어 보기 안 좋습니다."

잠시의 정적 후, 다소 떨리는 목소리가 들려왔다.

"그랬군요… 그래도 잘 좀 처리해 주세요."
그 말이 귓가를 맴돌았다. 비에 젖은 작은 생명을 수습하는 일에 익숙해졌다고 생각했지만, 마음은 여전히 무거웠다.

요즘 들어 이런 일이 잦다. 특히 비가 내리는 날, 혹은 비가 그친 다음 날이면 새끼 고양이들의 죽음을 전하는 신고가 연달아 들어온다. 어미 곁을 떠난 아이들이 비를 맞고 체온을 유지하지 못해 쓰러지거나, 배가 고파 먹이를 찾아 길 위로 나왔다가 사고를 당하는 것 같다. 그 누구도 제대로 돌봐주지 못하는 생명이, 그렇게 조용히 삶을 마감하고 있다.

어젯밤에만 네 건의 새끼 고양이 사체 신고를 받았다. 신고된 것만 이 정도라면, 신고되지 않은 아이들은 훨씬 더 많을 것이다. 고요한 밤길 어딘가에서, 누군가의 눈에도 띄지 못한 채 혼자 죽음을 맞이했을 수많은 생명을 생각하면 가슴이 아릴다.

길고양이에게 먹이를 주는 이른바 '캣맘'이라 불리는 여성들도 말한다.

"비만 오면 마음이 철렁 내려앉아요."

물에 젖은 밥그릇, 먹이를 찾아 빗속을 헤매다 길을 잃고 사고를 당하는 아이들, 하루에도 몇 번씩 먹이 자리를 확인하러 나가야 하는 현실. 그들의 노고와 마음고생도 짐작조차 하기 어렵다.

그렇다면 대안은 무엇일까. 누군가는 말한다. 길고양이가 너무 많다고. 또 누군가는 말한다. 그냥 자연의 이치라고. 하지만 과연 이대로 괜찮은가?

지자체의 적극적인 중성화 사업 확대, 아이들을 보호할 수 있는 임시 보호 시스템 마련 등, 지금보다 조금만 더 손을 내밀 방법은 분명 존재한다. 문제는 '의지'다. 우리가 얼마나 이 생명을 진지하게 바라보는가에 따라 결과는 달라질 수 있다.

별난 경험

밤 1시경, 신고를 받고 현장으로 향했다. 도착해 주변을 살펴보니, 고양이는 어디에도 보이지 않았다. 휴대폰 플래시를 켜고 천천히 주변을 비추자, 주차된 봉고차 바퀴 밑에서 고양이의 몸 일부가 1/4 정도 깔린 것이 희미하게 보였다. 이미 숨을 거둔 상태였고, 작은 몸은 차 바퀴의 금속과 아스팔트 틈 사이에 눌려 있었다. 차를 움직이지 않으면 수습할 수 없는 상황이었다.

조심스럽게 봉고차로 다가가자, 놀랍게도 차 안에서는 한 사람이 웅크린 채 잠들어 있었다. 차창을 두드리며 깨워보았지만, 반응이 없었다. 주변에 있던 작은 돌을 집어 다시 두드리자, 그제야 잠에서 깬 그는 차창을 내리며

"뭐요?"

하고 몸을 일으켰다. 그가 숨을 내쉴 때 풍기는 강한 술 냄새가 코를 찔렀다.

고양이는 아마도 잠이 들어있었을 것이다. 음주운전 차량은 주차하면서 고양이를 보지 못하고 치었음이 분명하다는 생각이 들었다.

나는 최대한 차분하게 상황을 설명했다.

"차바퀴 밑에 고양이가 끼어 있어요. 차를 앞으로 조금만 옮겨주셔야 꺼낼 수 있습니다."

그는 잠시 눈을 비비며 운전대를 잡고, 조심스레 차를 앞으로 움직였다. 나는 몸을 낮춰 바퀴 아래로 손을 집어넣고, 장갑을 낀 손으로 고양이를 조심스럽게 끌어 올렸다. 이미 숨을 거둔 상태였지만, 몸이 더 손상되지 않도록 최대한 부드럽게 다뤘다. 차가 움직이는 동안 손끝으로 고양이의 작은 몸을 지탱하며, 주변을 살펴 안전하게 수습했다.

고양이를 들어 올린 바로 그 순간, 차 안에 있던 사람은 아무 말 없이 시동을 걸고 천천히 운전대를 움직여 현장을 떠나 버렸다. 술 냄새가 진하게 남아 있어 음주 상태였음이 분명했지만,

나는 길고양이 장의사

차량 번호를 확인하거나 신고를 할 여유조차 없었다. 남겨진 현장에는 봉고차 바퀴가 눌러 놓았던 아스팔트 자국과 고양이가 있던 자리의 흔적만이 조용히 남아 있었다.

그 순간, 머릿속에는 복잡한 생각이 스쳐 지나갔다 고양이들은 이렇게 예기치 못한 사고와 사람들의 부주의 속에서, 때로는 무심함 속에서 목숨을 잃는다. 오늘처럼 밤중에, 한순간의 방심으로 소중한 생명이 사라지는 모습을 보면서, 나는 인간의 삶과 행동이 얼마나 작은 생명에게 큰 영향을 미치는지를 다시금 느꼈다. 다양한 장소에서, 다양한 상황 속에서 사람들에 의해 목숨을 잃는 고양이들을 떠올리며, 마음 깊은 곳에서 안타까움과 미안함이 차올랐다.

빗속 벤치 아래,
어미가 떠나지 못한 자리

    비가 억수같이 퍼붓던 날이었다. 초등학교 교문 앞, 젖은 아스팔트 위에 물이 고이고, 그 앞 벤치 아래로 작은 그림자들이 모여 있었다. 어미 고양이와 새끼들. 신고자는 그 곁을 지키고 서 있었다. 내가 가까이 다가가자, 어미는 본능적으로 몸을 낮추더니 빗발 속으로 몸을 숨겼다. 새끼 셋도 뒤를 따라 우르르 흩어졌다. 그런데 그 자리에 한 마리가 남아 있었다. 이미 싸늘해진 작은 몸.

    죽은 새끼 곁을 떠나지 못하는 어미와 형제들. 그 마음을 어떻게 인간의 언어로 다 옮길 수 있을까. 비를 쏟아내는 하늘 아래, 그들은 서로를 부르듯 맴돌았다. 어미는 멀찍이 떨어진 곳에서 계속 뒤를 돌아보았다. 다시 다가오려는 듯, 그러나 또 멀어지는 그 발걸음은 두려움과 슬픔 사이에서 갈피를 잡지 못하는 마음의 동작처럼 보였다. 형제 새끼들도 어미 가까이에 몸을 웅크린 채 낯선 비바람을 견디고 있었다.

사망 원인은 분명했다. 끝없이 내리는 비, 젖은 몸, 식어버린 체온. 저체온증, 그 작은 생명에게는 잔인할 만큼 빠른 속도로 닥쳐오는 죽음이다. '비만 맞지 않았어도, 누군가 잠시라도 몸을 피할 수 있게 해주었더라면…' 하는 생각이 목구멍까지 차올랐다. 주변을 둘러보니 공터에 풀이 무성했고, 그 사이로 열 마리 남짓의 고양이들이 젖은 털을 달고 떨고 있었다. 막 젖을 떼었을 법한 작은 새끼들도 있었다.

그 순간 또렷해졌다. 우리가 길고양이에게 밥을 준다는 행위는 시작일 뿐, 비와 추위를 피할 작은 지붕 하나를 마련해주는 일, 젖은 몸을 말릴 수 있는 마른 수건 한 장을 떠올리는 마음까지 닿아야 비로소 '돌봄'이 된다.

좋아하는 사람도 있고, 싫어하는 사람도 많다. 특히 학교 앞이라는 공간은, 학생이 없는 휴일과 비 오는 날조차도 시선이 남는다. 그래서 누군가는 망설인다. 누군가는 욕을 먹을까 봐 한 발 물러선다. 그러나 그사이, 가장 빠르게 상처받고 사라지는 건, 언제나 말 못 하는 존재들이다.

그날, 벤치 아래에서 본 것은 단지 한 마리의 죽음만이 아니었다. 어미가 새끼를 놓지 못하는 마음, 형제가 형제를 떠나지 못하는 마음, 그 본능적이고도 애끓는 정서였다. 인간보다 더 단순하고, 그래서 더 진실한 마음. 우리는 종종 그 마음을 모른 척한다. "자연의 일"이라며, "어쩔 수 없다."라는 말 한마디로 덮어버린다. 그러나 누군가는 그 현장을 보고 가슴이 무너지고, 누군가는 그날 밤 집에 돌아가 비에 젖은 털과 떠나지 못한 눈빛을 떠올리며 잠을 설친다.

비가 줄어들 기미가 보이지 않던 그날, 나는 그 작은 몸을 조심스럽게 수습했다. 그리고 남은 녀석들이 비를 피할 자리를 급히 만들었다. 누군가는 말할지도 모른다. "그게 무슨 소용이냐?"고. 하지만 바로 그런 '작은 소용들'이 모여 생명을 붙잡는다. 우리가 할 수 있는 건, 때로는 그 정도의 다정함뿐이다. 그러나 그 다정함은 충분히 누군가의 삶과 죽음을 가르는 선이 된다. 고양이도, 사람도 어미와 자식은 서로를 애타게 품는다.

그 마음은 종(種)을 가르지 않는다. 인간이 그 사실을 잊지 않는다면, 적어도 빗속 벤치 아래에서 또 한 번의 죽음을 마주할 때, 우리는 "밥만"이 아니라 "살길"을 함께 떠올릴 수 있을 것이다.

　　　　　　　　　　　　　　　　　나는 길고양이 장의사

그날의 비는 오래 내렸다. 그리고 나는, 그 비를 기억하는 누군가가 또 있을 거라 믿는다. 비를 맞지 않도록 박스를 하나 놓아두는 마음, 그런 작은 관심, 그런 사소한 온기가 아직은 이 도시가 끝내 차가워지지 않았다는 증거가 되어줄 것이다.

제2장

◇◇◇◇◇◇◇◇◇

로드 킬 현장에서 만난
캣맘

———

신고 전화를 받고 현장으로 나가면, 종종 캣맘을 만난다. 자신이 돌보던 고양이의 죽음을 앞에 두고, 마치 품에 안았던 아이를 잃은 듯 흐느끼곤 한다. 그 순간 나는, 인간 안에 남아 있는 가장 맑고 따뜻한 결을 본다.

사람들은 세상이 각박하다고 말한다. 그러나 아무도 눈길 주지 않는 골목길, 쓰레기 더미 사이, 그 쓸쓸한 자리에서 굶주린 생명을 위해 마음을 내어주는 이들이 있다. 이름조차 갖지 못한 고양이에게 밥그릇을 내밀고, 차가운 바람을 막아줄 헝겊 하나를 덮어주는 그들의 손길은 보이지 않는 등불처럼 어두운 세상을 밝혀 준다.

그들이 있어 세상은 아직 완전히 차갑지 않다. 따뜻함이 전혀 사라진 게 아니라는 사실, 희망이 아직 꺼지지 않았다는 사실을 그들의 존재가 증명한다. 나는 그 앞에서 늘 고개 숙여 감사한다. 작은 생명을 향한 그 무심한 듯 다정한 마음이야말로, 우리가 끝내 놓아서는 안 될 인간다움의 마지막 빛이기 때문이다.

불쌍히 여기는 마음조차
무시당한다면

밤 11시가 넘은 시각, 전화가 걸려왔다.

"길고양이가 죽었어요… 지금 신고해도 될까요?"

가냘픈 목소리였다. 울음을 삼키는 기척이 느껴졌다. 나는 구청 당직실에 신고하면 나에게 연락이 올 거라 말했다. 그녀는 알겠다고 하며

"기다리겠습니다."

라고 말했다. 그리고 금방 구청 당직실로부터 그녀가 말한 신
고 내용을 나에게 알리는 전화가 왔다.

직접 현장에 가보니, 그녀는 고양이의 곁에 조용히 앉아 있었
다. 자정을 넘긴 시간, 인적이 드문 길가에 고양이가 피를 흘리
며 누워있었다. 조금 전까지만 해도 살아 움직이던 생명이었다
고 믿기 어려울 만큼, 현장은 적막했다.

"30분 전만 해도 밥을 주러 가기 전에 뛰어놀았어요. 그런데
돌아오니까, 이렇게…."

그녀는 울먹이며 말했다. 붉게 스민 핏자국과 주변 흔적으로
미루어 보아, 차량에 의한 사고임은 분명해 보였다.

그녀는 나와 예전에도 몇 차례 마주친 적이 있다고 했다.

"벌써 네 번째예요… 선생님을 뵌 게."

그녀는 평소에도 길고양이에 대한 애정이 남달랐다. 휴대폰
을 꺼내 여러 장의 사진을 보여주었고, 나는 그 사진 속에 담긴
시간과 마음을 읽을 수 있었다. 매일 고양이들에게 밥을 주며,
하나하나의 모습을 기록해 온 흔적이었다. 그녀는 단순히 고양

나는 길고양이 장의사

이를 챙기는 사람이 아니었다. 이름도 없는 존재에게 마음을 기울일 줄 아는, 섬세한 시선을 가진 사람이었다.

그때, 어둠을 가르며 누군가 다가왔다.

"야야, 뭐하노?"
"우리 아버지예요."

그는 시큰둥한 얼굴로 말했다.

"아이구, 고양이 밥 주는 게 네 인생 전부가? 집안일이나 좀 해라."

떠나기 전 그녀는 내게 다시 말했다.

"다음에 꼭 통화하고 싶어요, 꼭요."

그렇게 말하고는 집 안으로 들어갔다. 정적이 감돌았다. 감정은 단절되었고, 딸의 진심은 단호한 말 한마디에 묻혀버렸다. 나는 조용히 고양이를 수습했다.

며칠 뒤, 진장동 ○○중학교 후문에서도 비슷한 신고가 들어왔다.

"아침에 밥 주고 외출했는데… 몇 시간 사이에 고양이가 죽었어요."

신고자는 고양이를 3년 넘게 돌보아온 사람이었다. 중성화도 시켰고, 밥도 하루도 거르지 않았다. 죽은 고양이의 주변을 돌며, 신고자는 울먹이며 말했다.

"아침에 죽어서 그런지, 지금 냄새가 나요. 너무 애처롭죠. 매일 밥 주던 아인데…"

그는 고양이를 조심스레 어루만졌다. 그 부근을 계속 서성이던 다른 고양이들도, 마치 친구의 죽음을 아는 듯 조용히 머물러 있었다. 이 사람 또한 고양이에게 꾸준히 밥을 주던 이였다. 하지만 그의 삶엔 또 다른 현실이 있었다.

"우리 아저씨가 고양이를 싫어해서요… 남편이 퇴근하기 전에만 고양이에게 밥을 줘요."

나는 길고양이 장의사

길고양이를 돌보며 살아온 오랜 시간 동안, 그녀는 남편의 눈치도 함께 보아야 했다. 그럼에도 돌봄을 멈추지 않았다. 감동적이었다. 문득 이런 생각이 들었다. 사람이 살아가며 가지는 '불쌍히 여기는 마음'이라는 측은지심, 그것은 단순한 감정도, 취향도 아니다. 그것은 인간이 인간으로서 갖춰야 할 가장 본질적인 윤리이며, 타인의 아픔에 귀 기울일 줄 아는 최소한의 품격이다.

그런데 요즘은 그런 마음조차 '이상한 것', '민폐', '쓸데없는 짓'으로 치부된다. '귀찮다'는 이유로, '흉하다'는 이유로 누군가의 선의를 조롱하고 꺾는다. 길고양이에게 밥을 주는 이들을 향한 시선은 여전히 냉랭하다.

"왜 동물에게 관심을 줘?"
"사람부터 챙겨야지!"
"그럴 시간 있으면 봉사를 하지?"

이러한 말들은 그저 무심한 조언이 아니라, 작은 생명을 보듬으려는 손길에 깊은 상처를 남긴다. 도와주지는 못할망정, 그 마음을 무시하고 모욕하는 문화가 계속된다면, 우리는 과연 어떤 세상을 살아가게 될까. 불쌍히 여기는 마음은 약함이 아니다. 오히려 그것은 강한 용기이고, 따뜻한 사회를 이루는 첫 번째 조건이다.

비록 지금은 그런 마음이 때때로 외면당하고, 무시당하고, 집안일보다 하찮게 여겨지는 현실일지라도, 우리는 잊지 말아야 한다. 따뜻한 시선 하나가, 한 생명을 지키는 첫걸음이 될 수 있다는 것. 그리고 그런 사람이 이웃 어딘가에 존재한다는 것만으로도, 세상은 아직 살 만한 곳이라는 것을.

길 위의 생명이
조금이라도 존중받기를

해가 지고 저녁이 되려던 무렵, 다운동의 한 캣맘으로브터 전화가 걸려왔다. 낮에 차량에 치여 죽은 고양이를 발견했는데, 지금 보관해 두었으니 와서 가져가 달라는 요청이었다. 그런데 그녀의 목소리는 어딘가 떨리고 있었다.

"고양이가 머리만 남았어요. 너무… 너무 끔찍했어요."

말끝이 흐려지더니, 이내 울먹임이 섞여 들렸다.

그녀와 약속한 저녁 6시, 농협 앞에 도착하니 한 여성이 쇼핑백 하나를 소중히 감싸안고 서 있었다. 그 표정은 무겁고 어두

웠으며, 무언가를 오래도록 참아낸 흔적이 가득했다. 내가 다가가 인사를 건네자, 그녀는 조심스럽게 쇼핑백을 내밀었다.

"여기…. 여기 있어요. 제가 밥을 주던 고양이인데, 이렇게 되었네요. 선생님, 잘 좀 부탁드릴게요. 정말 잘 좀 부탁드려요."

그녀는 말끝마다 "부탁드린다"라는 말을 되뇌었다. 어쩌면 자신의 손으로 해줄 수 있는 마지막 배려가 그것뿐이었는지도 몰랐다. 나는 고양이의 남은 흔적이 담긴 쇼핑백을 두 손으로 받아 들고 조심스레 차로 옮겼다.

그 순간, 그녀는 멀어지면서도 자꾸 뒤돌아보았다. 몇 걸음 가다가 또 돌아보고, 또다시 발을 멈추고는 쇼핑백이 실린 내 차 쪽을 바라보았다. 고개를 숙인 채로, 손끝을 꼭 쥐고서 서성이던 모습은 마음 깊은 곳까지 스며들 만큼 애틋했다.

머리만 남은 고양이. 그 잔인하고 비극적인 죽음 앞에서, 그녀는 단지 '유기묘' 한 마리의 죽음이 아니라, 자신이 돌보던 한 생명과의 이별을 마주하고 있었던 것이다. 매일 밥을 챙기고, 안부를 살피며 이름 없는 존재에게 마음을 준 시간이 고스란히 그 죽음 앞에 놓였을 것이다.

나는 고양이의 남은 몸을 조심스레 차에 싣고 다시 한번 다

짐했다. 이 땅에서 길 위의 생명들이 조금이라도 더 존중받기를. 그 마음들을 대신해 끝까지 책임 있게 그 마지막을 지켜야 한다는 것을. 고양이의 몸은 흩어졌지만, 그를 향한 나와 그녀의 마음은 결코 흩어지지 않았다는 것을, 나는 그날 저녁, 캣맘의 뒷모습에서 배웠다.

단 하나의 생명에게라도 로드 킬이 덜 발생할 수 있는 세상이 되기를 인간은 노력해야 한다. 인간의 인식이 조금만 바뀌더라도 많은 생명이 로드 킬을 당하지 않을 것이다. 그렇게 생명이 안전하게 오고 갈 수 있는 길 위에서의 공존을 이루기를. 그 길 위에서 비로소 인간도, 동물도 함께 살아가는 세상이 시작될 것이다.

14마리 고양이를 키우는 선생님

어느 날, 한 초등학교 선생님이 전화를 걸어왔다. 벌써 세 번째 신고였다. 익숙한 목소리에

"선생님, 또 신고하셨네요?"

하고 웃으며 물었다. 그러자 선생님은 약간 민망한 듯 웃으며 이렇게 답했다.

"그러게요. 저도 이렇게 자주 전화를 하게 될 줄은 몰랐어요."

　나는 길고양이 장의사

　로드 킬 당한 고양이를 수습하고 난 뒤, 선생님과 한참 동안 이야기를 나누었다. 알고 보니, 선생님은 집에서 무려 13마리의 고양이를 돌보고 있었다. 새끼 고양이 한 마리가 다친 걸 친구가 보고는 급히 연락을 주었고, 그 연락을 받고 오늘 서둘러 데려왔다고 한다.

　그렇게 한 마리, 두 마리 늘어나다 보니 지금은 열세 마리와 함께 살아가는 삶이 되었단다. 내가 놀란 눈으로 물었다.

"어떻게 그렇게 많은 아이들을 다 돌보세요?"

선생님은 고개를 끄덕이며 천천히 말했다.

"그런데요, 이상하게 고양이에 관심을 두게 되니까. 길에서도 계속 보여요. 다른 사람들은 못 본다고 하는데, 저는 자꾸 눈에 밟히더라고요. 상처 입은 아이, 로드 킬 당한 아이를 그냥 지나칠 수가 없어요."

그 말을 듣는 순간, 문득 마음속에 떠오른 문장이 있었다. "사랑은 관심에서 시작된다." 관심이 있으니 보이고, 보이니 행동하게 되는 것. 사랑은 그렇게 시작되는 게 아닐까. 단순히 좋아하는 감정을 넘어서, 책임지고 지켜내려는 마음. 그 마음이 선생님의 눈을 밝히고, 길 위의 고양이들을 알아보게 만든 것이다.

"선생님, 덕분에 또 한 생명이 살아나네요."
"제가 고마워요. 이렇게라도 이 아이들이 살 수 있다면요."

나는 길고양이 장의사

길 위의 작은 생명이 누군가의 '관심' 속에서 다시 살아간다. 세상은 그런 작은 사랑 덕분에 조금씩 더 따뜻해지고 있다.

이런 따뜻한 마음을 지닌 분이 바로 초등학교 교사라는 사실이, 왠지 모르게 더 큰 울림으로 다가왔다. 아이들의 삶에서 하루의 대부분을 함께 보내는 사람, 인생의 초입에서 가장 많은 영향을 주는 존재가 그런 마음을 가진 사람이라니, 얼마나 다행스러운 일인가.

길 위의 작은 생명을 외면하지 못하고 보살피고, 끝내 품어 안는 그 마음. 그 따뜻한 시선과 행동은 단지 고양이에게만 향하는 것이 아닐 것이다. 분명 그분은 교실 안에서도 아이들의 작은 표정 변화를 살피고, 말 한마디에도 귀 기울이며, 누구보다 섬세하게 아이들의 마음을 보듬고 있을 것이다.

한 아이가 실수했을 때, 그 실수 뒤에 숨은 사연을 먼저 들여다보는 교사, 속상한 얼굴로 앉아 있는 아이에게 다가가 '괜찮니?' 하고 먼저 말을 거는 교사. 그런 어른과 함께 자라는 아이들은 자신도 모르게 '따뜻함'이라는 감정을 자연스럽게 익히게 될 것이다.

나는 문득 이런 생각이 들었다. '그 아이들은 앞으로 ㅈ라서 어떤 어른이 될까?' 아마도 누군가의 슬픔을 알아채고, 작고 약한 존재에게 먼저 손 내밀 줄 아는 그런 어른으로 자라나지 않을까.

선생님의 삶은 아이들에게 말이 아닌 행동으로 가르침을 전하고 있었다. 생명을 존중하는 자세, 관심을 사랑으로 확장하는 태도, 그리고 세상을 더 따뜻하게 만드는 마음. 그런 것들이 아이들 속에 고스란히 스며들고 있다는 생각에, 마음 한편이 몽글해졌다.

이 사회에 꼭 필요한 진짜 교육은 교과서 속 지식보다, 이런 마음의 온기를 전해주는 일이 아닐까. 그리고 그 일을 해내는 사람이 바로 그 교사라는 사실이 참 고맙고도 다행스러웠다.

맞아요, 우리 금순이

한때 울산에서 가장 번화했던 울산 시계탑 사거리, 옥교동 농협 앞에 고양이가 죽어 있다는 신고가 접수되었다는 연락을 구청으로부터 받았다. 신고자는 고양이가 도로 한가운데에서 차에 치여 죽어 있었고, 2차 사고를 막기 위해 인도 가로수 아래로 옮겨두었다고 전했다. 연락을 받고 서둘러 현장으로 향했다.

현장에 도착했을 때, 밤이었지만 거리엔 가로등 불빛이 대낮처럼 밝았다. 그러나 고양이는 보이지 않았다. 도로 주변을 한참이나 뒤져보았지만, 흔적조차 찾을 수 없었다. 지나가는 사람들에게도 몇 차례 물어보았지만, 다들 모른다는 말만 되풀이했다. 혹시 누군가가 이미 치운 것일까 하는 생각에, 주변 가게의 문을 열고 안으로 들어갔다.

TV 소리에 묻힌 조용한 가게 안에는 부부가 나란히 앉아 있었다. 나는 조심스럽게 말을 건넸다.

"고양이 한 마리가 이 부근에서 죽었다고 해서 왔습니다. 혹시 가게 앞에서 치우신 건 없으신가요?"

그 말을 듣자마자, 여주인이 눈을 크게 뜨고 내 쪽을 바라보며 되물었다.

"우리… 금순이가요?"

남편도 TV 소리를 줄이고 자리에서 일어났다. 여주인은 당황한 듯 급히 가게 문을 나서 골목 이곳저곳을 둘러보았다. 그러던 중, 가로수 밑을 가리키며 말했다.

"저기… 저기 무언가 있어요."

가리킨 곳으로 다가가 보니, 한 마리 고양이가 보였다. 가까이 다가가 자세히 살펴보니, 다행히 외상도 없고 몸에 큰 손상

나는 길고양이 장의사

도 없는 상태였다. 여주인은 허리를 숙여 고양이를 바라브더니, 곧 울음을 터뜨렸다.

"맞아요. 우리 금순이… 3년이나 밥을 줬는데, 이렇게 갔네요…."

그녀는 두 손으로 입을 가린 채 울음을 멈추지 못했다. 남편 역시 말없이 곁에 서서 어깨를 토닥여주고 있었다. 금순이라는 고양이는 정해진 시간만 되면 가게 앞에 나타나 밥을 먹고, 잠시 앉아 쉬다가 골목길 어딘가로 사라지곤 했다고 한다. 비가 오는 날이면 젖은 몸으로도 꼭 찾아왔고, 더운 날이면 그늘에서 쉬며 바람을 맞았다고 한다. 고양이는 말이 없었지만, 그들과 함께한 3년은 그렇게 조용히 흘러갔다.

"오늘도 밥줄 시간이 돼서 나가보려고 했거든요. 그런데 이런일이…."

여주인은 금순이의 몸을 쓰다듬으며 말을 잇지 못했다.
도시란 과연 누구만을 위한 공간인가. 우리가 살아가는 이곳은 사람만의 도시가 아니다. 말은 없지만 감정이 있고, 기억이

있고, 인연이 있는 또 다른 존재들, 동물들 역시 우리의 이웃으로 살아가고 있다.

　금순이에게 밥을 주며 함께한 여주인의 눈물에서 많은 걸 느꼈다. 비록 길에서 만난 고양이였지만, 여주인에게는 생을 함께한다는 커다란 의미가 있었던 것이다. 그렇기에 그렇게 슬프게 눈물을 흘렸으리라.

　　　　　　　　　　　　　　　　　　　나는 길고양이 장의사

길고양이 금순이

금순이에게 밥을 건네던
여주인의 눈물 속에서 알았다
비록 길에서 만난 작은 생명이지만
그에게는 삶을 함께 건너는
동반자라는 이름이 있었다
그래서 이별 앞에서
그토록 깊은 슬픔을 쏟아냈으리라
길고양이
인간과 같은 숨결로
이 거리를 살아가는 존재
낯설지만 곁에 있는 또 하나의 이웃.

이제 자유로운 곳으로 잘 가라

2025년 여름은 유난히도 무거웠다. 6월이 끝나기도 전에 기온은 이미 30도를 훌쩍 넘어섰고, 땅 위의 열기는 아스팔트 속에 고스란히 스며들어 밤늦도록 식을 줄 몰랐다. 사람들에게 더위는 단순히 불편함이지만, 도시를 함께 살아가는 동물에게는 생존의 무게로 다가왔다. 인간이 만든 도시는 이들에게 그리 친절하지 않았다.

그날 저녁, 한 통의 전화가 걸려왔다. 발걸음을 재촉해 도착한 곳은 중학교 후문 근처였다. 주차된 차량들 사이, 눈에 들어온 것은 작은 고양이의 움직이지 않는 몸이었다. 해는 이미 서산 너머로 사라졌지만, 공기는 여전히 후텁지근했고, 골목길은

나는 길고양이 장의사

집으로 돌아가는 사람들의 발걸음으로 분주했다. 그러나 그 한 구석에는 모든 시간이 멈춰버린 듯 고요함이 내려앉아 있었다.

고양이는 아직 열기가 식지 않은 땅 위에 조용히 누워있었다. 그 곁에 서 있는 한 여성은 땀을 훔치며 당혹스러운 눈빛으로 나를 바라보았다. 그녀의 표정은 슬픔과 허망함 사이에서 쉼 없이 흔들리고 있었다.

"선생님…."

그녀가 낮게 나를 불렀다. 목소리는 망설임과 울컥거림이 뒤섞여 있었다.

"오늘 아침에도 이 아이한테 밥을 주고 나왔어요. 늘 그렇듯, 해 뜨기 전에요. 어릴 때부터 이 동네에 나타났는데, 처음에는 사람을 얼마나 경계하던지. 그런데 시간이 지나니까, 제가 오는 소리만 들어도 골목 입구까지 뛰어나와 기다리곤 했어요."

말끝이 흐려졌다. 그녀의 시선은 고양이에게 박혀 떨어질 줄 몰랐다. 이어진 이야기는 하나의 일기처럼 쏟아졌다.

"아직 작았을 때… 애처로운 눈빛을 그냥 두고 볼 수 없어서 밥을 챙겨주고, 병원도 데려가서 중성화 수술을 했어요. 겨울에는 바람 막으라고 상자에 담요도 깔아줬고, 비 오는 날이면 비닐을 씌워주기도 했죠. 그렇게 지켜줬는데…. 결국은 너무 허무하게 갔네요."

그녀는 고개를 돌려 길게 한숨을 내쉬었다. 그러나 발걸음은 끝내 고양이 곁을 떠나지 못했다. 마치 마지막 순간까지 그 자리를 지켜야 한다는 듯, 그녀의 몸은 작은 생명 앞에 굳건히 붙들려 있었다.

나는 조심스럽게 허리를 굽혀 고양이의 몸을 들어 올렸다. 차갑게 식어버린 몸은 이미 온기를 잃었지만, 손끝으로 전해지는 묵직한 무게 속에는 한때의 따뜻한 시간이 고스란히 남아 있었다. 순간 가슴 깊은 곳이 저릿하게 내려앉았다. 이 존재는 단순히 길 위를 떠돌던 '길고양이'가 아니었다. 누군가의 하루를 열어주고, 작은 위안을 건네며 계절의 흐름을 함께 건너온 동반자였다.

새벽마다 골목 입구까지 달려 나와 반기던 목소리, 좁은 골목길에 남겨진 작은 발자국, 비 오는 날 처마 밑에서 몸을 웅크리던 모습. 그 사소한 장면들이 모여 그녀의 일상에 스며 있었고, 결국 그녀의 삶을 조금은 더 따뜻하게 만들어주었다. 이름

나는 길고양이 장의사

조차 없는 한 마리 고양이가, 한 사람의 마음속에서 분명한 의미와 자리를 지니고 있었던 것이다.

나는 그 순간 깨달았다. 인연이란 꼭 사람과 사람 사이에서만 맺어지는 것이 아니었다. 말 없는 생명과도, 함께 나눈 시간이 깊어지면 인연이 되고, 그 인연은 때로 사람 사이에서 맺은 관계보다 더 진실하고 순수할 수 있다는 것. 그녀가 보여준 애정은 바로 그런 인연을 알아보고 품어낼 줄 아는 마음이었다.

한 마리 길고양이의 죽음 앞에서 우리는 묻는다. "나는 다른 생명과 어떻게 관계 맺으며 살아가고 있는가?" 이 질문어 진지하게 답할 수 있을 때, 비로소 사람과 동물이 함께 숨 쉬는 도시가 가능해질 것이다.

어둠이 완전히 내려앉을 무렵, 나는 그녀에게 조심스레 말을 건넸다.

"이제 수습이 끝났습니다. 마지막 인사를 나누시죠."

그녀는 고양이에게 한 걸음 다가가 떨리는 목소리로 속삭였다.

"고양아, 이제는 자동차에 치일 걱정 없는 곳으로 가서 마음껏 뛰어다니렴. 자유로운 곳에서 편히 살아라."

그 순간, 그녀의 눈에서 눈물이 흘러나왔다. 그것은 짧지만 깊었던 인연의 마지막 흔적이었다.

2025년의 뜨거운 여름, 한 중학교 후문에서의 짧은 이별은 우리에게 묻고 있었다.

"인간의 도시가 과연 동물에게도 함께 살아갈 수 있는 도시인가?"

여섯 마리 새끼 낳고 죽은 고양이

또 밤이 찾아왔다. 하루의 끝자락, 고요해질 법한 시간에 어김없이 전화가 걸려왔다. 이번에도 신고자의 목소리였다. 익숙해질 법도 한 고단한 밤의 호출이지만, 막상 현장에 도착하고 나면 마음은 언제나 무겁게 가라앉는다.

도착한 곳은 강변로 ○○아파트 옆 강변 근처였다. 어두운 밤, 위치가 애매해 정확한 현장을 찾지 못해 신고자에게 전화를 걸었다. 잠시 후, 그가 손전등을 들고 직접 나와 길을 안내해 주었다. 풀 사이로 좁은 길을 따라가자, 그곳에 한 생명이 조용히 누워있었다.

검은 어둠 속에서도 고양이의 모습은 선명했다. 눈을 감은 채, 몸은 이미 싸늘하게 식어 있었다. 근처에서 길고양이에게 밥을 주는 캣맘이 활동하는 지역이라 전화를 하니 캣맘이 왔다.

"며칠 전에 새끼를 낳은 어미 같은데요, 설마…."

캣맘은 불안한 마음으로 고양이의 모습을 들여다보았고, 곧 고개를 끄덕였다.

"맞아요, 이 고양이가 맞네요. 새끼 낳은 지 얼마 안 됐는데…."

소식이 빠르게 전해졌는지, 곧 세 명의 캣맘들이 현장으로 달려왔다. 그들은 하나같이 놀라고 안타까운 표정으로 고양이를 바라보았다. 누군가는 그 이름을 불렀고, 누군가는 주머니에서 조그만 간식을 꺼내 손에 쥐고는 아무 말도 하지 못했다.

어미 고양이의 몸을 조심스레 수습한 뒤, 새끼들이 있다는 곳으로 함께 이동했다. 풀숲을 조금 더 지나자 작고 낡은 박스 하나가 놓여 있었다. 그 안에는 눈도 뜨지 못한 새끼 고양이 여섯 마리가 꼬물거리며 어미의 체취를 찾아 이리저리 몸을 움직이고 있었다. 입을 오물거리며 젖을 찾는 그들의 모습은 말할 수 없이 안쓰러웠다.

"이 아이들, 어떻게 하실 건가요?"

조심스럽게 묻자, 캣맘 한 분이 주저 없이 대답했다.

"우리가 데려다 키워야죠. 어미는 없지만, 대신 우리가 잘 돌볼게요."

잠시 후, 누군가는 집에서 박스를 들고 오고, 또 누군가는 부드러운 수건을 펼쳐 그 위에 아기 고양이들을 조심스럽게 옮겨 담았다. 서로가 말없이 손을 모아 새끼들을 감쌌다.

어미 없이 세상에 남겨진 여섯 마리의 작은 생명들. 그들은 오늘 밤 엄마의 품 대신, 낯선 손의 온기 속에서 새로운 삶을 시작했다. 나는 조용히 작은 생명들이 담긴 박스를 바라보며 속으로 빌었다.

"부디 무탈하게, 따뜻하게, 건강하게 자라주기를."

고요한 강둑 아래, 떠나간 어미의 안타까움과 남겨진 이들의 정성이 조용히 교차하던 밤이었다.

　그 밤은 분명 슬펐지만, 눈물겹도록 아름다운 캣맘의 마음을 보았다.

빈집 안, 세 마리의 고양이

"여보세요? 여기…. 고양이 세 마리가 죽어 있어요. 빈집 안이에요. 창문으로 보여요."

나는 주소를 확인하고 차를 몰았다. 그곳은 구 역전 파출소와 우체국 사이에 있는 오래된 골목. 익숙한 듯 낯선 동네였다. 현장에 도착하자, 전화한 아주머니가 골목 입구에 나와 기다리고 있었다.

"이쪽이에요. 저기 앞집인데요, 저기 창문 안으로 좀 보세요."

그녀가 가리킨 창문 너머로 고양이 세 마리가 꼼짝없이 누워 있었다. 이미 몸은 굳어 있는 것처럼 보였다.

"안에는 아무도 안 사시죠?"
"예, 오래전부터 빈집이에요. 쓰레기만 잔뜩 쌓였어요. 애들이 거기 자주 들어가 있었거든요. 제가 밥을 줬는데, 안 보이길래… 혹시나 해서 보니 이곳에 죽어 있었어요."

나는 깊게 숨을 들이쉬었다. 여긴 주거지였다. 설령 빈집이라도, 마음대로 들어가면 법적으로 주거침입이다.

"문이 열려 있으면 모르지만…. 닫혀 있으면 좀 어렵습니다."
"그럼, 파출소에 전화해 볼까요?"

다행히 파출소 쪽도 이미 그 집 상황을 알고 있었다. 관리도 되지 않는 집이었다.
다시 현장으로 돌아갔을 때, 기적처럼 대문이 살짝 열려 있었다. 하지만 방으로 들어가는 문은 꽉 찬 쓰레기로 인해 열리지 않았다. 할 수 없이 경찰 입회하에 문을 부수고 들어갔다.
곧이어 고약한 냄새가 코를 찔렀다.

"하아…. 여기 심하네요. 쓰레기 천지예요."

"그 아이들, 자주 여기서 쉬었어요. 여긴 조용하고 다뜻하거든요. 제가 밥을 주면, 먹고 나서 항상 이 집으로 들어가려라고요."

그녀는 손에 들고 있던 음료수와 물티슈를 내밀었다.

"고생하시는 거 아는데, 도와드릴 게 없어서…. 이것 좀 받으세요."

"감사합니다. 이 아이들…. 쥐약 같네요. 입 주변이 검게 물들어 있어요."

그 소리를 들은 아주머니는 눈시울을 붉혔다.

"요즘 이 근처에 이상하게 고양이들이 자꾸 죽어요. 공원에서도, 도로에서도…."

그녀가 말한 공원은 집 건너편, 소나무 몇 그루가 서 있는 작은 소공원이었다.

"거기에 제가 밥자리를 만들어두거든요."

"그 자리에서 많이 죽는다고 했죠?"

"네. 지난달에도 거기서 한 마리가…. 로드 킬이었어요. 누가 지나가다 신고했는데, 저는 알아보겠더라고요. 제가 밥을 주던 아이였어요."

그녀는 고양이 한 마리의 죽음도 그냥 지나치지 못했다.

"사람들은 그냥 길고양이라 하지만…. 저에겐 다 아이들이에요. 하루도 안 보면 마음이 불안해요."

나는 천천히 사체를 정리하며 말했다.

"마음 고맙습니다. 이런 일은 많지만…. 그래도 이렇게 애도해 주는 분들을 만나면 위로가 돼요."

그녀는 잠시 말이 없더니, 낮은 목소리로 덧붙였다.

"그 아이들…. 오늘도 여기서 기다렸을까요?"

"그랬을 겁니다. 익숙한 냄새 맡으며, 누군가 오기만을…."

나는 길고양이 장의사

고양이 사체를 정리한 박스를 조심스럽게 들고 밖으로 나왔다. 바람이 살짝 불었다. 어디선가 사료 냄새가 날 듯 말 듯했다.

아무도 모르게 태어나고, 아무도 모르게 죽어가는 생명들. 누군가 틈을 내어 따뜻한 밥 한 그릇을 놓아주고, 비 오는 날 젖지 말라고 골목 한쪽에 자리를 마련해 주고, 보이지 않으면 걱정해 주고, 그것만으로도 그들이 지나간 세상은 조금은 덜 춥고, 조금은 더 따뜻한 곳이었을 것이다.

우리는 그 생명이 우리 곁을 지나갔음을 아는가. 작고 여린 존재들이 하루하루 살아내기 위해 어떤 세상을 견뎠는지를 떠올려본 적이 있는가. 이름조차 없던 고양이 한 마리에게 관심을 둔 것은 우리가 인간으로서 무엇을 지켜야 하는가를 되새기는 일이기도 하다.

누가 한 번 관심을 주었는가?
허기진 길고양이의 배를 채워주려
골목 한쪽에 밥을 놓은 적이 있는가?
지구에 온 생명 중
이유 없이 태어난 생명은 없다.

남은 한 마리는 얼마나 외로울까?

　　○○중학교 후문, 오래된 빌라들이 다닥다닥 붙은 좁은 골목에서 고양이가 로드 킬을 당했다는 신고가 접수되었다. 신고자는 구체적인 번지수까지 알려주었고, 나는 그 주소를 내비게이션에 입력한 뒤 곧장 현장으로 향하였다.

　　그러나 도착한 골목은 이상할 정도로 고요하였다. 아무리 주변을 살펴보아도 고양이의 흔적은 어디에도 보이지 않았다. 혹시 놓친 것은 아닐까 싶어 다시 한번 골목 구석구석을 천천히 살폈지만, 역시 아무것도 발견할 수 없었다. 결국 나는 신고자에게 전화를 걸었고, 잠시 후 한 여성이 조심스레 다가왔다. 그녀는 작게 목례를 한 뒤, 조심스럽게 발걸음을 옮겨 고양이가

　　　　　　　　　　　　　　　　　나는 길고양이 장의사

죽어 있는 장소로 나를 안내하였다. 그녀는 이 근처에서 길고양이 두 마리를 돌보고 있다고 말했다.

"오늘 아침에도 밥을 챙겨주고 운동을 다녀왔는데요. 한 마리가 안 보여서 이상하다 싶었어요. 그래서 여기저기 찾아봤더니, 그만…."

말을 잇지 못한 그녀는 눈가를 붉히며 고개를 숙였다. 골목길 이곳저곳을 헤매며 고양이를 찾았고, 결국 멀지 않은 도로 위에서 차에 치여 죽어 있는 모습을 발견했다는 것이다. 그 순간 느꼈던 충격은 말로 다 표현할 수 없었다고 했다.

"아이고, 아이고, 고양이…. 이제 남은 한 마리는 혼자 얼마나 외로울까."

그녀는 고개를 돌린 채 조용히 눈물을 흘렸다. 등진 어깨 너머로 흐느낌이 작게 들려왔다. 그녀는 남편이 고양이를 좋아하지 않아, 지금껏 혼자서 몰래 밥을 챙겨왔노라고 털어놓았다. 누구의 인정도, 이해도 바라지 않고 그저 하루하루를 살아가는 생명을 위해 자신이 할 수 있는 일을 조용히 해온 것이다.

　그녀의 마음은 단순한 동정이 아니었다. 이름도, 말도 없는 존재와 나눈 시간이 쌓여 이루어진 깊은 유대였다. 이제 그중 한 생명을 떠나보낸 슬픔, 그리고 남은 한 생명을 향한 걱정이 그녀의 눈빛에 고스란히 담겨 있었다. 그것은 가볍지 않은 사랑이었다. 이 골목 한쪽, 작은 생명 하나가 이토록 누군가의 가슴 속에 깊이 자리하고 있었다. 그 조용한 사랑은 말보다 깊은 울림으로 남았다.

나는 길고양이 장의사

천사를 만나다

.

이 일을 하다 보면 마음이 무거운 날도 많지만, 그만큼 사람의 따뜻함을 느끼게 되는 순간도 자주 만난다. 오늘이 바로 그런 날이었다. 신고를 받고 출동한 현장에서 나는 길고양이들에게 먹이를 주며 돌보는 분을 만났다. 처음 마주했을 때, 그분의 모습은 평범하지 않았다. 낡은 옷과 해진 신발, 모두 남이 버린 것을 주워다 손수 수선해 입고 있는 듯이 보였다. 하지만 그 손에 들린 건 어김없이 사료 봉투였다.

"우리 아이들도…. 가끔 죽는 아이들이 있어요. 그럴 땐 꼭 좀 와서 잘 데려가 주세요."

그분은 그렇게 조심스럽게 부탁했다. 짧지만 간절한 말이었다. 단순히 죽은 고양이를 수습해달라는 요청이 아니었다. 함께 했던 생명에 대한 마지막 예의를 부탁한 말이었다. 나는 고개를 끄덕이며 그 마음을 고스란히 받아들였다.

그분은 울산 시내의 골목골목을 돌며 공중전화 부스 옆, 공원 한편, 주차장 구석 같은 곳에 고양이 먹이 자리를 정해놓고 매일같이 사료를 나눈다. 단순히 밥을 주는 것을 넘어, 자리를 치우고, 물도 갈아주며 길고양이와 조용히 눈을 맞추고 말을 건넨다. 그 길고양이들을 "아이들"이라고 부르며, 하나하나의 이름과 특징을 기억하고 있다.

자기 집에서는 또 다른 고양이들과 함께 지낸다. 대부분이 눈이 멀었거나 다리를 저는 등 상처 입은 아이들이다. 병든 채 발견된 고양이들을 데려와 밥을 주고, 약을 먹이며 이름을 붙이고, 안락한 구석을 마련해준다. 집은 낡았지만, 그 안에는 고양이들이 안전하게 숨 쉴 수 있는 작은 세상이 있다. 그분은 그렇게 10마리, 많게는 20마리 가까운 고양이들과 함께 살아간다.

그런데도 이들에게 돌아오는 행정관청의 지원은 없다.

"좋은 일 한다고 칭찬은 받아도, 사료 한 포대도 지원 못 받아요."

　　　　　　　　　　　　　　나는 길고양이 장의사

그분의 말에는 씁쓸함도 묻어 있었지만, 원망보다는 체념에 가까웠다. 그렇지만 이웃 중에 동물을 사랑하는 사람들이 가끔 도움을 주기도 하고, 말없이 사료를 놓고 가는 사람도 있어 그 마음에 다시 힘이 난다고 했다.

"죽은 고양이는 구청에 신고해요. 전엔 미화원들이 가져갔는 데, 요즘은 동물구조센터 직원이 와서 데려가요. 그것만 해도 한결 마음이 편하죠."

그분은 그렇게 담담하게 말했지만, 그 속엔 '그래도 나아지고 있다'는 희망이 담겨 있었다.

울산 산전 폴리텍 근처에도 고양이들과 마음을 나누는 한 사람이 있다. 그는 매일같이 골목을 돌며 아이들을 챙긴다. 그가 돌보는 고양이만 해도 70마리, 많게는 80마리 가까이 된다. 하나같이 이름이 있다. '삼색이', '종이', '은돌이', '까망이'…. 그는 고양이 모두의 이름은 물론 성격과 버릇, 자주 가는 자리까지 꿰고 있다.

누군가는 그저 길 위의 고양이라 부를 이 존재들이, 그에게 는 거리 위의 가족이었다. 날이 좋아도, 비가 내려도, 눈이 쌓여도 빠짐없이 찾아가 밥을 주고, 물을 갈아주고, 잠자리를 봐준다. 단순한 애정이 아닌, 생명에 대한 깊은 책임감이었다.

그러던 어느 날, 그중 한 마리가 자취를 감췄다. 평소 늘 정해진 시간에 나타나던 아이였다. 그는 혹시나 하는 마음에 하루이틀을 기다려봤지만, 끝내 그 모습은 보이지 않았다. 불안한 기색을 감추지 못한 그는 결국 경찰에 실종 신고를 했다. 누군가는 지나치다 할 수도 있겠지만, 그 마음은 분명했다. 단순한 고양이 한 마리의 부재가 아니라, 함께 살아온 존재에 대한 책임이자 애틋한 정이었으니.

며칠 후, 그 고양이는 결국 죽은 채로 발견되었다. 수습은 내가 맡았다. 조심스레 아이의 몸을 안고, 마지막 길을 준비하는 동안 그는 조용히 곁에 섰다. 아무 말 없이 내 손길을 바라보다가,

"고생 많으십니다…."

그가 건넨 것은 잘 익은 수박 한 통이었다. 차가운 과육이 아니라, 따뜻한 마음이 담긴 선물이었다. 짧은 한마디 속에는 감사와 미안함, 그리고 아이와 맺었던 오랜 관계를 보내는 슬픔이 겹겹이 스며 있었다. 그 순간, 나는 눈앞의 수박이 단순한 과일

이 아님을 알 수 있었다. 그것은 한 생명을 보내며 할 수 있는 가장 진심 어린 작별의 방식이었고, 누군가가 보여줄 수 있는 가장 조용하고도 묵직한 위로였다.

그날 나는 다시금 깨달았다. 우리가 만나는 고양이들도 소중하지만, 그 고양이들을 아끼고 돌보는 사람들 또한 이 도시에서 가장 아름다운 존재라는 것을.

울산 곳곳에 이런 사람들이 많다. 그중에 복산동과 다운동 일대에는 이와 같은 마음을 가진 이들이 다섯 명, 여섯 명씩 작은 모임을 이루고 있다. 서로 정보를 나누고, 사료를 모으고, 고양이의 상태를 공유하며 조용한 연대를 이어간다. 누구도 알아주지 않지만, 이들이 있어 도시의 어느 구석도 완전히 차갑지만은 않다.

천사를 보았다

따뜻함은
거창한 말속에 있지 않았다

조용히 놓인 사료 한 줌

그릇에 담긴 물
그 작은 손길 속에 있었다

그들은 천사처럼 말하지 않지만
천사 같은 일을 하고 있었다

길고양이의 눈 속에
그 마음이 고요히 비친다

그리고 내 마음에도
오래도록 남는다
따뜻한, 아주 따뜻한 여운으로

제3장

유기동물을 돌보는
사람들의 이야기

반려동물 수목장

나는 배 과수원을 하면서 밭 한쪽에서 개와 닭을 키우며 살아간다. 사람의 발길이 드문 이곳에 반려동물을 떠나보낸 이들의 부탁을 받아 장례를 치러주기도 한다. 짧고 가녀린 생명을 정성껏 떠나보내는 일은 절대 쉽지 않다.

나는 지금까지 열 마리쯤 되는 반려동물을 우리 과수원에 수목장을 했다. 이름도 각기 다 다르다. 덤프, 반달, 나비… 하나하나 사연 없는 아이가 없고, 이별 앞에서 담담한 보호자도 없었다. 때로는 반려동물의 죽음을 받아들이지 못한 채 흙을 덮으려는 나에게

"딱 한 번만, 한 번만 더 얼굴을 보게 해주세요."

하며 간청하는 보호자도 있었다. 나는 그런 순간마다 이루 말할 수 없는 착잡함에 말문이 막히곤 했다.

대운이

그날도 평소처럼 고요한 오후였다. 전화벨이 울렸다. 수화기를 들자, 한참을 망설인 듯한 나지막한 여성의 목소리가 들려왔다. 그녀의 목소리는 이미 눈물에 젖어있었고, 말끝은 자꾸만 떨렸다.

"저 혹시, 개 장례를 부탁드릴 수 있을까요?"

나는 아무 말도 하지 않고 조용히 기다렸다. 그녀는 깊은숨을 내쉬며 무언가를 삼키듯 한참을 침묵하다가, 마침내 조심스레 입을 열었다.

"이름은…. 대운이에요. 큰 대, 구름 운. 어제…. 제 곁을 떠났습니다."

'대운!'

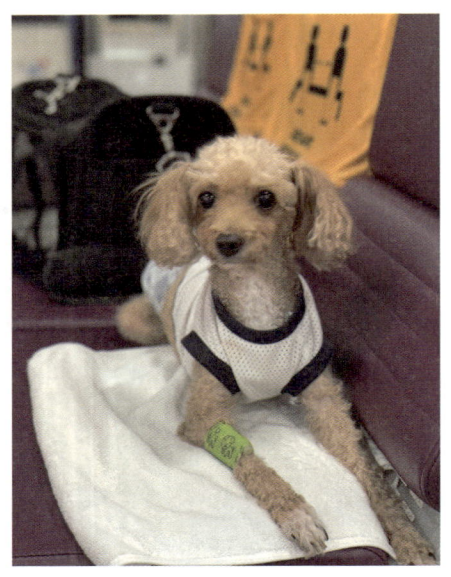

　그녀가 꺼내든 이름에는 수많은 기억과 애정이 깃들어 있었다. 한 글자 한 글자 또렷하게 이름을 발음하는 그녀의 목소리에는, 세상 무엇과도 바꿀 수 없는 존재를 떠나보낸 이의 절절한 슬픔이 고스란히 배어 있었다. 아마도 그녀는 대운이란 이름을 수없이 불러왔을 것이다. 함께한 나날 동안은 웃으며, 지금은 눈물로.

　나는 말을 잇지 않고 그저 조용히, 그녀의 마음이 조금 가라앉기를 기다렸다. 눈물이 말을 삼키고, 그 침묵조차 마음을 표

　　　　　　　　　　　　　　　　나는 길고양이 장의사

현하는 시간이 될 수 있도록. 난 대운이의 수목장을 해주겠다고 말했다.

얼마 지나지 않아, 그녀는 하얀 천에 곱게 싸인 작은 생명을 품에 안고 내 과수원을 찾아왔다. 그녀는 양지바른 배밭 근처에 조심스럽게 대운이를 내려놓고는, 나와 눈을 맞추며 담담하게 이야기를 시작했다.

"13년 전, 아파트 단지에서 처음 만난 아이였어요. 버려졌는지, 길을 잃었는지 행색은 꾀죄죄했지만… 참 이상하게도 제 눈을 피하지 않더라고요. 그 조그만 아이의 눈빛에…. 차마 외면할 수 없는 무언가가 있었어요. '저 좀 봐주세요' 하고 온몸으로 말하는 것만 같았죠."

그렇게 시작된 인연이었다. 그녀는 이름 없는 아이에게 '대운'이라는 이름을 선물했다.

"큰 구름처럼 넉넉하고, 어디든 자유롭게 흘러가는 삶을 살라고 지어준 이름이에요. 사실은…. 제가 그 아이에게 더 기댔지요. 딸은 독일에, 아들은 서울에 있으나 늘 외국으로 다녀 얼굴 보기가 힘들어, 사실 늘 혼자였거든요. 이 아이가 저와 늘 함께하는 가족이었어요. 저는 사람에게 하듯 말을 걸고, 제 모든 사랑을 이 아이에게 쏟았습니다. 아프면 병원에 데리고 가 입원도 시키고 링겔도 맞추곤 했습니다."

그녀의 눈가에 눈물이 고였다.

"그런데 세월이 야속하더군요. 저보다 먼저 늙어가는 걸 왜 몰랐을까요. 치매가 오고, 눈도 멀고⋯. 마지막엔 제 손길도 알아보지 못했어요. 그렇게, 그렇게 초라하게 가버렸습니다."

우리는 함께 배밭 옆에 작은 구덩이를 팠다. 그녀는 마지막으로 아이의 얼굴을 어루만지며 속삭였다.

"대운아, 이제 아프지 말고 엄마가 지어준 이름처럼, 저 하늘에서 가장 큰 구름이 되어 훨훨 날아다녀. 엄마가 늘 지켜볼게."

처음 얼마간, 그녀는 매주 과수원을 찾았다. 대운이가 좋아하던 간식을 들고 와 나무 아래에 놓고는, 한참을 머물다 가곤 했다. 그러던 발걸음이 한 달에 한 번으로, 다시 두어 달에 한 번으로 뜸해졌다. 그러고는 어느 순간부터 그녀는 더 이상 오지

나는 길고양이 장의사

않았다.

나 또한 문득 하늘을 올려다본다.

"대운아!"

하고 나지막이 부르면, 하늘 어디선가 커다란 구름 하나가, 약속처럼 조용히 나를 내려다보며 흘러가는 것처럼 느껴졌다.

사랑하는 반려동물을 잃은 사람의 마음은, 마치 세상의 색이 갑자기 바래버린 듯한 슬픔에 빠진다. 하루의 시작을 함께 알리던 따뜻한 눈빛, 조용히 다가와 발끝에 기대던 그 작은 체온, 외출했다 돌아오면 펄쩍펄쩍 뛰며 반겨주던 모습, 아무 말

없어도 곁에 있어 주는 위로의 존재가 사라졌다는 사실은 좀처럼 실감이 나지 않는다.

아무리 불러도 달려오지 않는 이름, 비어 있는 잠자리, 밥그릇 앞에 놓인 정적이 더없이 낯설고 서럽다. 일상 곳곳에 그 아이의 흔적이 고스란히 남아 있는데, 그 흔적만 있

고 존재는 없다는 사실이 가슴을 찢는다.

그 존재는 단순한 동물이 아니었다. 가족이었으며, 때로는 세상에 혼자라는 외로움을 달래준 유일한 친구였다. 그가 떠난 세상은 너무 조용하고, 너무 크다. 이별은 늘 늦게 온다. 그리고 아주 오래 머문다.

나는 그녀가 찾아오는 횟수로 그녀의 슬픔을 가늠해 보았다. 횟수가 줄어들수록 그녀의 슬픔의 농도도 옅어질 것이다. 가끔 하늘의 구름을 보며 대운이를 생각하리라.

큰 구름은 바람 따라
흘러간 것처럼 보이지만
사라진 게 아니라
마음속으로 흘러들어오는 것
살아간다는 것은 결국
마음에 추억을 쌓아가는 일.

나는 길고양이 장의사

창호지 관에 든 개

또 어떤 날이었다. 배밭 언저리로 난 좁은 흙길을 따라 한 여인이 조심스레 걸어 들어왔다. 품에 안겨 있는 작은 몸 하나. 개였다. 조심스레 감싸안은 품은 자꾸만 아래로 숙여졌고, 그 안에 감춰진 존재가 얼마나 소중한지를 말하지 않아도 느낄 수 있었다.

개는 하얀 창호지로 곱게 감싸져 있었다. 창호지는 주름 하나 없이 매끈했고, 리본은 풀릴까 조심스럽게 묶여 있었다. 아무렇게나가 아니었다. 마지막 가는 길에, 살아 있는 동안 받았던 사랑만큼이나 따뜻하고 단정하게 보내주고 싶은 마음이 고스란히 담겨 있었다.

나는 배나무 근처에 자리를 골라 땅을 팠다. 햇살이 잎 사이로 가만히 쏟아지고, 바람은 풀잎을 부드럽게 흔들었다. 흙을 뒤집을 때마다 담백한 냄새가 피어올랐다. 자연이 이 작은 생명을 받아들일 준비를 하는 듯한 평화로운 공기였다.

그녀는 한동안 그 자리에 멈춰 서 있었다. 말없이, 아주 조용히. 품 안을 더 꼭 끌어안는 듯한 모습이었다. 그러다 마침내 무릎을 꿇고, 천천히 개를 내려놓았다. 손끝 하나까지 조심스러웠다.

내가 흙을 덮으려 할 때, 그녀가 망설이듯 입을 열었다.

"잠깐만요. 한 번만…. 다시 볼 수 있을까요?"

나는 조용히 고개를 끄덕였다. 그녀는 손끝으로 천천히 리본을 풀었다. 매듭을 푸는 손이 너무나 조심스러워, 그 동작 하나에도 깊은 애틋함이 담겨 있었다. 창호지를 살며시 펼치자, 작고 고운 얼굴이 드러났다.

이미 숨은 멈췄지만, 그 아이는 마치 지금이라도 눈을 뜰 듯 고요하게 잠들어 있었다. 그녀는 한마디도 하지 않고 오랫동안 그 얼굴을 바라보았다. 무언가를 말하려 했지만, 목이 메어 끝내 말로는 꺼내지 못했고, 그 대신 눈물은 가만히 고여 들었다.

나는 길고양이 장의사

억지로 울음을 참으려는 듯, 어깨는 조심스레 떨리고 있었다. 가슴 깊은 곳에서 차오른 감정이, 말보다는 침묵 속에서 더 선명하게 전해졌다.

그녀는 작게 숨을 들이쉬고, 다시 아이를 감쌌다. 흙먼지 하나 묻히지 않으려는 듯 조심스럽게 창호지를 여미고, 다시 리본을 매듭지었다. 그 손길은 누군가의 마지막을 보내는 사람이 해줄 수 있는 가장 깊고 아름다운 인사 같았다.

나는 조용히 땅을 덮었다. 흙이 창호지 위에 떨어지는 순간, 세상이 아주 작게 숨을 죽인 것 같았다.

죽음을 받아들이는 일은 언제나 마음을 아프게 한다. 떠나간 자리엔 공기마저 다르게 느껴지고, 함께했던 순간들이 더 선명하게 떠오른다. 그리움은 늘 너무 늦게 밀려온다.

그러나 그날 그녀가 보여준 이별은 단순한 슬픔이 아니었다. 하얀 창호지로 아이를 감싸고, 정성껏 리본을 묶어 배밭까지 품에 안고 온 그 마음은, 함께했던 나날을 차곡차곡 접어 마지막에 건네는 깊은 존중이자 사랑이었다. 그것은 말 없는 고백이자, 살아 있는 동안 주고받은 감정의 마침표였다.

그리고 나는 그날, 배밭의 바람과 그녀의 침묵 속에서 조용한 진심 하나를 배웠다. 작은 생명 앞에서도, 진짜 사랑은 끝까지 아름답다는 것을.

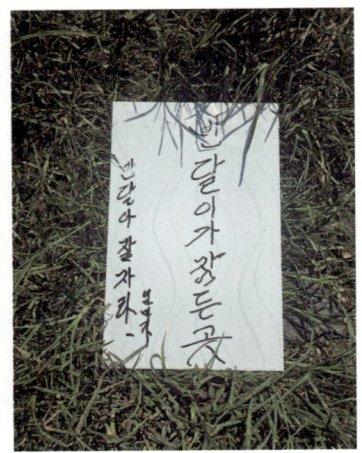

반달이

작은 숨결 멈춘 자리
리본으로 감싼 아픔
말보다 깊은 침묵이 이별을 말할 때
슬픔조차도 아름다움으로 남는다.

그날 이후로도 여러 마리의 고양이와 개들이 이 배밭에 묻혔
다. 이곳은 어느새 따뜻한 이별이 이루어지는 조용한 숲이 되었
다. 바람이 잎을 흔들 때마다, 어디선가 그리운 이름 하나가 속
삭이듯 들려오는 듯하다.

나는 길고양이 장의사

길고양이 반달이

동천체육관 앞 골목에는 조용한 사랑이 있었다. 매일같이 그 곳을 찾는 한 여성이 있었다. 비 오는 날이면 비닐로 덮개를 만들어주고, 추운 겨울에는 바람을 막아주며 2~30마리나 되는 길고양이들을 정성껏 돌보았다. 그녀에게 고양이들은 단순한 길 동물이 아니라, 하루하루 이름을 불러주고, 눈빛으로 대화하며 살아가는 가족 같은 존재였다.

그중 한 마리, 이름은 반달이었다. 그 아이는 3년 넘게 그녀의 밥을 먹고, 계절이 바뀌는 길목마다 사람의 손길을 기억하며 살아갔다. 그런 반달이가 어느 날 조용히, 너무 조용히 세상을 떠났다. 무엇이 원인이었는지는 알 수 없지만, 고단한 삶의 끝이 그렇게 막을 내렸다는 사실에 그녀는 쉽게 마음을 추스를 수 없었다.

"반달이요…. 제 밥 3년 넘게 먹던 아이인데, 이 더위를 이기지 못하고 고양이 별로 긴 여행을 떠났네요."

그녀의 떨리는 목소리가 지금도 귓가에 남아 있다.

나는 반달이를 조심스레 수습해 내가 가꾸던 밭 한구석, 햇살이 부드럽게 내려앉고 바람이 살며시 스치는 곳에 수목장을 지내주었다. 이 작은 생명이 잠드는 마지막 자리는, 그 아이가 느끼던 계절과 바람, 해와 달, 그리고 사람의 마음이 함께 머무는 곳이 되었다.

며칠 뒤, 그 여성이 내게 편지를 건넸다.

[반달이 감사합니다.

제 밥 3년 넘게 먹던 아이인데, 이 더위를 이기지 못하고 고양이 별로 긴 여행을 떠났네요.

우리 반달이 잘 부탁드립니다. 정말 정말 감사드려요.

복 많이 받으세요.

해 보고, 달 보고, 바람도 느끼고, 비도 맞고 계절들을 다

나는 길고양이 장의사

느끼며 이제는 편안히 잠들 수 있을 것 같아요.

좋은 글귀와 마음을 담아 반달이를 따뜻하게 코내주셔서 진심으로 감사합니다.

고단했던 길 생활의 끝을 아름답고 평안하게 마무리해주신 그 정성에 어떻게 감사의 마음을 전해야 할지 모르겠습니다.

진심을 담아 마음을 전합니다.

다시 한번 깊이 감사드립니다.

복 많이 받으세요.

반달아, 우리 훗날 이별 없는 세상에서 다시 만나자꾸나.]

그녀의 편지는 마치 반달이가 남긴 작별 인사처럼 느껴졌다. 살아 있는 동안 누군가의 사랑을 받았고, 죽은 뒤에도 그 마음 안에 오래 남게 된 한 생명. 반달이는 이제 흙이 되고, 나무가 되고, 계절이 지날수록 더 깊이 뿌리 내릴 것이다.

나는 그 생명을 위해 할 수 있는 작은 예의를 다했을 뿐이지만, 그녀의 고운 마음과 함께였기에 이 작별은 슬프지만 따뜻했고, 아프지만 아름다웠다. 이것이 인연이 되어 가끔 반달이를 돌보던 여성과 안부 전화를 주고받곤 한다.

아메리칸 불리, 덤프

견주 이야기

    광고기획사에서 실장으로 일하던 시절, 덤프와의 인연은 우연히 시작됐다. 회사 대표가 생후 9개월 된 강아지를 사서 사무실로 데려왔다. 사실 나는 원래 개를 좋아하지 않았다. 동물을 귀여워하거나 애정을 주는 성격은 아니었다. 대표는 데려만 왔지 돌보지 않았다. 병원에도 데려가지 않았으며, 산책도 시키지 않았다. 그런데 어느 날부터 덤프와 함께 산책하다가 조금씩 정이 들기 시작했다. 그래서 대표의 동의를 얻어 덤프를 집으로 데려와 키웠다.

　덤프는 일반적인 개와는 생김새가 달랐다. 얼굴이 쭈글쭈글한 '아메리칸 불리' 종으로, 다루기 까다롭고 환경에 민감한 품종이었다. 더위와 추위에 모두 약해 에어컨과 난방이 필수였고, 피부도 약해서 평생 약을 먹어야 했다. 모낭충 때문에 3개월에 한 번씩 약을 먹였고, 짓무르면 병원에 데려가는 일이 잦았다. 병원비만 해도 한 달에 백만 원이 넘게 들었고, 한번 병원에 가면 10~20만 원은 기본이었다. 덤프는 성격이 독특해 자신을 안는 것을 허락하지 않았다. 안으려 하면 물려고 했다.

그렇게 1년이 넘도록 정성껏 돌봤지만, 케어가 워낙 힘들고 금전적으로도 부담이 커지다 보니, 결국 형편이 되는 집으로 입양을 보내게 되었다. 부잣집에서 더 잘 돌봐줄 거라 믿었지만, 오히려 덤프는 그곳에서 제대로 된 돌봄을 받지 못했다. 심지어 사람을 무는 사고도 세 건이나 일어났고, 결국 그 집에서는 덤프의 생니를 발치하는 일까지 벌어졌다.

겨울, 기온이 영하 10도까지 떨어졌던 어느 날. 그 집 마당에서 우연히 덤프와 다시 마주쳤다. 턱은 붓고 피가 흐르고 있었고, 나를 보며 오열하듯 울고 있었다. 그 순간, 법이 중요하지 않았다. 덤프를 사랑하는 마음에 나는 무작정 그 집에서 덤프를 데리고 나왔다. 이후 나는 무단침입과 절도 혐의로 고소를 당했고, 상대는 개를 데려가려면 270만 원을 달라고 요구했다. 그 돈은 덤프에게 물린 사람의 치료비라고 주장했지만, 나는 단호히 맞섰다. 당신은 관리가 소홀했고, 오히려 덤프를 학대했다고 말했다.

법정 공방이 시작되었지만, 마음은 오히려 편했다. 소송 기간 동안 덤프는 내 곁에 있었고, 그것만으로도 충분히 행복했다. 함께 지내는 세 마리의 개들은 사이가 좋았고, 덩치가 가장 작은 개가 서열 1위였고, 덤프는 3위였다. 조정 기간 중 한 판사가 반려동물의 의미를 깊이 이해해 주었다. 결국 조정이 성립되어 내가 덤프를 계속 키우는 조건으로 100만 원을 지불하고 사건은 종결되었다.

그 뒤로 덤프와는 정이 더욱 깊어졌다. 그러나 덤프는 체력이 약해 한 시간을 넘는 산책은 힘들어했고, 특히 더위에는 매우 취약했다. 그해 9월, 예상보다 더위가 오래 지속되던 어느 날이었다. 온도가 26도였지만 평소보다 더 덥게 느껴졌다. 산책을 마치고 엘리베이터 앞에 도착했을 무렵, 덤프는 갑자기 심장마비 증상을 보였다. 불과 3~4분 만에 혀가 빠지고 거품이 입가에 맺히며 쓰러졌다. 그때 처음으로 덤프를 안았다. 그러면서 마음 한편에서는 '덤프가 떠나는구나!' 하는 생각이 들며 미안함과 함께 고통 없이 갔다는 안도감도 들었다.

덤프는 로드 킬 당한 동물을 수습하는 할아버지 과수원에 수목장을 치렀다. 그 후로 나는 매일같이 덤프를 떠올렸다. 하늘을 바라보며 덤프를 위해 기도했다. 이 세상에서의 마지막이었지만, 다음 생에는 사람으로 태어나 부디 좋은 삶을 살길 바랐다. 덤프는 1년이 지난 지금도 내 마음속에 깊이 자리하고 있다.

개는 단순한 동물이 아니라, 하나의 생명이고 가족이다. 휴가철이라고, 나이가 들었다고, 외모가 변했다고 버리는 일은 절대 있어서는 안 된다. 가족은 결코 버릴 수 없는 존재다. 우리는 동물과 함께 공존하는 세상에 살고 있으며, 인간과 동물은 서로 의지하며 살아가는 관계임을 잊지 말아야 한다.

돌이켜보면 덤프에게 해주지 못한 것이 너무 많다. 돈이 더 있었다면 입양을 보내지도 않고, 마당 있는 집에서 여유 있게 키웠을 텐데, 하는 아쉬움이 남는다. 지금도 가끔 유기견이 나를 따라오기도 한다. 데려오고 싶은 마음은 굴뚝같지만, 여건상 키울 수 없어 마음이 아프다. 기회가 된다면 반드시 마당이 있는, 개가 뛰어놀 수 있는 환경에서 함께하고 싶다. 덤프와의 시간은 내게 반려동물이란 무엇인지를 삶으로 가르쳐준, 가장 깊은 인연이었다.

덤프 수목장 길고양이 장의사 이야기

'덤프'라는 이름의 큰 개를 수목장한 일이 있다. 울산 중구에서 광고 사업을 하던 한 여인이 키우던 반려견이었다. 덤프는 불도그처럼 덩치가 컸다.

"선생님… 제발 이 아이를 좋은 곳에 묻어주세요. 이 아이는 저보다 저를 더 사랑했던 아이예요."

나는 길고양이 장의사

그렇게 덤프는 우리 밭의 소나무 앞에 잠들었다. 며칠 후, 우리 배밭 담벼락에 커다란 플래카드가 걸렸다.

"명품 배, 판매 예약받습니다."

덤프를 묻어준 것에 보답하고 싶다며 광고를 해준 것이었다. 나는 고마운 마음보다도, 그녀가 여전히 그 아이를 잊지 않고 있다는 사실에 가슴이 찡했다.

죽은 뒤에도 누군가의 기억 속에 오래 머무는 존재가 있다는 것은, 삶이 얼마나 깊고 따뜻했는지를 보여주는 증거다.

나는 그 아이들이 묻힌 나무 앞에서 자주 중얼거린다.

"잘 쉬고 있니? 아직도 너희를 기억하는 사람들이 있단다."

길고양이에게 밥을 주는
어느 할머니 이야기

울산 다운동의 어느 골목 어귀, 노인정 앞 공용주차장에는 매일같이 작은 생명을 돌보는 한 할머니가 있었다. 어깨에 낡은 가방을 메고, 그 안에 고양이 사료와 물을 챙겨 조용히 자리를 돌던 그녀는 이 동네 고양이들에게는 엄마 같은 존재였다. 밥을 기다리던 고양이들은 그녀의 발소리를 먼저 알아보고 모여들었다. 따로 이름을 부르지 않아도 눈빛 하나로 서로를 알아보는 사이였다.

그녀가 돌보는 고양이는 삼십 마리도 넘었다. 계절이 바뀔 때마다 새끼 고양이가 늘기도 했고, 어느 날은 보이지 않는 고양이를 며칠이고 기다리기도 했다. 고양이 밥은 누가 지원해 주는 것

나는 길고양이 장의사

도 아니었다. 그녀는 정부의 최저생계비로 하루하루를 살아가면서, 자신의 한 끼를 줄여도 고양이 밥을 챙기는 일만큼은 거르지 않았다.

개인적인 사유로 할머니는 야음동으로 이사를 했고, 그곳에서도 고양이를 챙겼다. 여전히 사료가 담긴 가방을 어깨에 메고 다녔다. 몸에 밴 습관이자, 그녀만의 작은 의식이었다. 그녀에게 길고양이들은 단순한 동물이 아니라, 함께 살아가는 존재들이었다. 하지만 그녀를 향한 동네 사람들의 시선은 그리 따뜻하지 않았다. 밥 주는 것 때문에 고양이들이 모인다고 싫어하는 사람들, 고양이들이 배설한다며 항의하는 주민들도 있었다.

한 번은 구청을 찾아가

"길고양이 밥 주는 사람들을 위한 지원책이 없느냐?"

라고 물었다. 돌아온 대답은 지원이 없다는 말뿐이었다. 나는 사료 몇 포대를 얻어 할머니에게 드렸다. 제도와 정책은 따뜻한 마음보다 늘 한발 늦고, 때로는 너무 멀리 있다.

그래도 할머니는 포기하지 않았다.

"말도 못 하는 저것들이 굶는 것이 안타까워요."

할머니가 조용히 꺼낸 이 말에는 수년간 고단했던 삶과 그 속에서도 고양이를 돌보며 살아온 시간이 고스란히 담겨 있었다. 세상에는 이런 따뜻한 마음을 가진 사람이 살기에 그나마 살만한 곳이 되지 않을까?

이름도, 기록도 남지 않은 할머니. 하지만 그 굽은 어깨와 마르지 않는 손길 속에는 생명을 대하는 가장 인간다운 마음이 담겨 있다. 누구도 알아주지 않지만, 할머니는 세상을 조금 더 따뜻하게 만드는 일을 매일 해내고 있다. 그 마음 하나는 오늘도 누군가의 기억 속에 오래 남을 것이다.

굽은 어깨에 사료 가방을 메고
말 없는 생명 곁을 찾는다
사람들은 외면해도
그녀의 손길은 하루도 쉬지 않았다
생명을 귀하게 여기는
그 마음이 어둠을 밝힌다.

나는 길고양이 장의사

줄냥이 수술비 1,200만 원

　연합뉴스 TV 저녁 8시 뉴스 끝자락에 길고양이에 대한 뉴스가 나왔다. 광주 서영대학교 앞에서 살아가던 길고양이 '줄냥이'는 단순한 동물이 아니었다. 줄냥이는 학생들과 주민들에게 사랑받으며, 캠퍼스의 마스코트처럼 존재해 왔다. 매일 아침 정문 근무자 김○○ 씨가 먹이를 챙겨주고, 학생들은 이름을 붙여주며 정을 나누었다. 그런 줄냥이가 지난 4월 25일 오후, 정문 교차로를 건너다 미니버스에 치이는 사고를 당했다.

　사고 당시 줄냥이는 안구가 돌출되고 아래턱이 골절되는 등 심각한 상처를 입었다. 버스 운전자는 아무런 조치 없이 고양이를 도로 옆에 두고 떠났고, 이를 목격한 애견미용실 업주가 줄냥이를 동물병원으로 옮겼다. 하지만 주인이 없던 줄냥이는 제대로 된 치료를 받지 못한 채 진통제만 맞고 지역 보호소로 보내졌다.

이 소식을 뒤늦게 접한 김○○ 씨는 보호소로 달려가 줄냥이를 품에 안고 대형 동물병원으로 데려갔다. 밤 10시부터 시작된 3시간의 긴 수술 끝에 줄냥이는 기적처럼 생명을 건졌다. 하지만 수술비는 무려 1,200만 원이었다.

김○○ 씨는 평소 줄냥이를 아끼던 학생들에게 도움을 요청했고, 학생들은 SNS와 학교 게시판을 통해 모금 운동을 시작했다. 사흘 만에 700여 명이 참여해 1,000만 원 이상이 모였고, 입금자명 대신,

"줄냥아, 힘내!"
"얼른 나아!"

같은 응원 메시지가 이어졌다.

뒤늦게 줄냥이의 사연을 들은 동물병원도 진료비 절반을 할인해 주기로 하면서 치료비 부담도 덜었다. 남은 돈은 줄냥이에게 줄 사료 구입과 집을 만드는 데 쓴다고 한다.

줄냥이의 사고와 회복은 단순한 동물 구조 이야기가 아니다.

나는 길고양이 장의사

그것은 공동체의 연대와 생명에 대한 존중, 그리고 작은 존재를 향한 인간의 따뜻한 응답을 보여준다. 줄냥이는 죽을 뻔한 순간에도 살아보려 했고, 사람들은 그 의지를 외면하지 않았다.

우리는 종종 삶의 무게에 지쳐 "세상이 각박하다."라고 말하지만, 줄냥이를 위해 모인 1,000만 원의 마음은 그 반대를 증명한다. 실패와 고통 속에서도 다시 일어나려는 생명, 그리고 그 생명을 지켜보며 함께하는 사람들. 그것이 우리가 살아가는 이유이며, 이 사회가 아직 살만한 이유다.

줄냥이의 눈빛은 말한다.

"나는 살아보려 했고, 당신들은 나를 살려주었다."

줄냥이의 목소리가 귀에 들리는 듯하다.

한 생명을 살린 용기

로드 킬 당한 동물을 수습하는 일을 하는 나에게 누군가 들려준 따뜻한 이야기를 재구성한 것이다.

깊은 밤이었다. 벽시계는 자정을 가리키려 하고 있었다. 그 고요를 깬 건 전화벨 소리, 전화를 받으니 큰아들의 진한 울음소리. 처음엔 꿈속인가 싶었지만, 다시금 흐느낌이 또렷하게 들려왔다. 깜짝 놀랐다.

"엄마… 나, 어떡해… 그 개, 그 바둑이… 죽을지도 몰라…."
"무슨 일이야? 바둑이? 무슨 개야?"

"길 가다 봤어. 겁에 질린 아이였어. 아무에게도 못 다가가는데, 나한텐 다가오더라…."

전화기 너머의 울음은 억눌러도 터져 나오는 울음이었다. 어디선가 울다가 잠든 아이처럼, 말끝마다 숨이 모자라 떨리고 있었다.

"그래서 데려왔어. 씻기고, 먹을 것도 줬어. 근데 내가 데리고 있을 수는 없어서 유기견 센터에 맡겼는데…."

그의 목소리가 갈라졌다. 울산의 집을 떠나 수원에서 윌룸에 살며 대학교에 다니는 아들은 그곳에서 개를 키울 수가 없어 동물보호센터로 가져다주었다는 내용이었다.

"10일 안에 주인도 없고, 분양도 안 되면 안락사래…."

말이 막혔다. 스물다섯의 아들, 아직 학생인 그 아이가 생전 처음 본 유기견 하나에 울고 있다는 사실이, 전화기 너머로 뚝뚝 떨어지는 울음소리가 가슴을 후벼 팠다. 그날 밤, 둘은 함께 울었다. 전화기를 붙잡고 서로를 달래듯, 한 마리의 생명을 위해.

며칠 뒤, 또다시 전화가 걸려왔다.

"엄마! 나… 나 어떻게 해야 할지 몰라서 전봇대마다 포스터 붙였어. 학교 게시판에도 다 붙였고, 커뮤니티에도 글 올렸어. 사람들이 욕할 수도 있는데 그냥 올렸어. 나라도 안 하면, 그 개 죽을까 봐…."

그의 목소리는 여전히 떨렸지만, 이번엔 울음보다 의지가 더 짙었다.

"그리고… 방금 전화 받았어. 어떤 분이 바둑이 분양받겠다 고 했어. 엄마, 엄마… 살았어. 살게 됐어."

아무 말도 하지 못했다. 입을 다문 채, 고개를 끄덕이기만 했 다. 눈물이 다시 고였다. 기쁨의 눈물이었다. 아들은 숨을 몰아 쉬며 말했다.

"그분이 그러더라. '그 아이, 내가 분양할게요.' 그 말 듣는 데… 그냥, 그냥 무너지는 줄 알았어…."

나는 길고양이 장의사

그 밤, 그 바둑이, 그리고 그 청년. 세상은 어쩌면 작은 울음 하나에 반응하지 않는다. 하지만 그 울음을 외면하지 않은 한 사람이 있었기에, 작은 생명은 살아남았다. 울음을 부끄러워하지 않은 아들과 그 울음을 함께 들어준 엄마, 그리고 "내가 분양받을게요."라고 말한 또 한 사람. 이 세 사람 덕분에, 그 이름도 없던 바둑이는 지금 어딘가에서 누군가의 품에 안겨 꼬리를 흔들고 있을 것이다.

세상을 다 바꿀 수는 없지만, 하나의 생을 구한 마음은 세상에 꼭 필요한 용기이며, 따뜻한 세상으로 만드는 그 시작점이다.

길바둑이

여기 기웃 저기 기웃
집을 찾는 길바둑이
하루 종일
여기 기웃 저기 기웃

하루 종일 굶어
음식물 쓰레기를 뒤집니다

배가 고픈 만큼
가족이 그리운 길바둑이

맛있는 것 준 엄마
머리 쓰다듬으며
귀여워해 준 아빠
나하고 놀아준 형
나를 안아 준 누나

길바둑이는 아기 때부터
사람들이 가족이었습니다
가족을 잃어 슬픈 건
사람이나 길바둑이나
마찬가지입니다

시커멓게 변한 털
냄새나는 몸이지만
두 눈망울만은
그렁그렁 눈물 고여
여기 기웃 저기 기웃.

174

길고양이 카페 '그냥'

사람과 고양이가 자연스럽게 공존하는 따뜻한 공간이 있다. 울산시 동구 주전동(주전 해안길 162번지)의 '그냥'이라는 카페가 바로 그곳이다. 카페의 주인은 고양이를 깊이 사랑하는 사람으로, 길에서 혼자 살아가는 길고양이들을 입양하거나 찾아오는 고양이들을 정성껏 돌보고 있다. 현재 카페에는 24마리의 고양이가 주인의 보살핌 속에서 편안하게 살아가고 있다. '그냥'은 고양이와 사람이 공존하는 아름다운 모습을 보여준다.

카페 '그냥'은 바닷가 마을 한편에 자리하고 있으며, 넓은 마당이 있어 고양이들이 자유롭게 돌아다닐 수 있다. 마당과 카페 내부에는 고양이가 출입할 수 있는 문이 마련되어 있어, 그양이

들은 원하는 때에 카페와 마당을 자유롭게 오가며 자신들만의
공간을 누릴 수 있다.

카페 '그냥'의 주인은 고양이를 단순히 돌보는 수준을 넘어,
병든 고양이가 있으면 즉시 병원에 데려가 치료를 받게 하는 등
세심하게 신경을 쓴다. 고양이가 아프거나 다치면 주인은 자신
의 손길과 마음을 다해 고양이를 보살피고, 필요한 치료를 받도
록 한다. 이러한 꾸준한 배려와 따뜻한 마음 덕분에 카페는 단
순한 공간이 아니라, 고양이와 사람이 안전하게 공존하며 서로
의 존재를 존중할 수 있는 장소로 자리 잡았다.

고양이들은 카페 안팎의 공간을 자유롭게 누비며 스트레스
없이 생활한다. 소파 위에 앉아 낮잠을 자기도 하고, 마당을 뛰

어다니며 햇살을 즐기기도 한다. 손님이 오면 사람을 경계하지 않고 몸을 비비며 다가와 친근함을 표현한다. 이러한 모습을 바라보는 사람들은 자연스럽게 생명에 대한 존중과 공존의 의미를 느낄 수 있다.

특히 고양이를 좋아하는 사람들은 일부러 카페 '그냥'을 찾으며, 부모와 함께 온 아이들은 고양이와 교감하며 큰 즐거움을 느낀다. 아이들은 고양이를 쓰다듬으며 함께 시간을 보내고, 고양이도 그들의 손길을 즐기며 마음을 연다. 이렇게 사람과 동물이 서로에게 긍정적인 영향을 주는 장면은 카페 곳곳에서 일상처럼 펼쳐진다.

결국 카페 '그냥'은 단순히 음료를 마시고 시간을 보내는 장소를 넘어, 인간과 동물이 서로를 이해하고 존중하며 살아가는 방법을 보여주는 살아 있는 사  례라 할 수 있다. 주인의 따뜻한 마음과 세심한 배려, 고양이들의 자유로운 생활, 그리고 사람들의 교감이 어우러져 만들어진 이 공간은 인간과 동물이 조화롭게 공존할 가능성을 구체적으로 보여준다.

특별한 일화도 있다. 우울증에 걸린 여자아이와 그 부모가 왔다. 아이는 말도 제대로 하지 못하고, 고양이를 무서워했다. 가족 모두 어두운 기운에 싸여 있었다. 그런데 주말마다 찾아오며 조금씩 변했다. 고양이에게 간식을 주고, 말을 걸고, 그림을 그려 칭찬을 받으면서 점점 밝아졌다. 나중에는 학교에서도 예전과 달라졌다는 이야기를 들었다. 고양이와의 교감이 아이를 치유한 것이다.

사춘기 아들을 둔 부모가 힘들어하며 아이들을 데려온 적도 있었다. 중학생 남자아이는 처음엔 무뚝뚝했지만, 몇 번 카페를 찾으며 고양이와 시간을 보냈다. 시간이 흘러 캐나다 유학을 가기 전에 들렀고, 중학생이었던 아이가 훌쩍 자라 멋진 청년이 되어 다시 찾아왔을 때는 가족 모두 화목해 보였다.

또 어떤 손님은 세 살배기 딸을 데리고 왔다. 아내가 임신해 집에 있는 동안 아빠가 아이를 데리고 와 고양이들과 시간을 보냈다. 아이가 아장아장 걷던 시절부터 자라 초등학생이 된 뒤에도 카페를 찾아왔다. 시간이 흐르며 가족의 일상과 함께한 공간이 된 것이다.

이처럼 카페는 단순히 고양이를 보는 공간이 아니라, 사람들에게 위로와 추억을 주는 치유의 장소가 되었다. 그래서 더더욱 이 공간을 잃을 수 없다는 생각이 들었다.

나는 길고양이 장의사

고양이들을 돌보는 데는 매달 약 100만 원이 들어갔다. 먹이값만 해도 상당했고, 특히 구내염으로 전발치 수술을 할 때는 한 마리당 180만 원이 들었다. 딸이 취직을 기념하며 고양이 세 마리의 발치 비용을 보태주기도 했다. 발치한 고양이 7마리 중 3마리는 상태가 좋아졌지만, 나머지는 여전히 약을 먹어야 했다. 약값만 해도 한 달에 20~30만 원이 들었고, 습식 사료와 참치캔도 꾸준히 필요했다. 하루에 참치캔만 24개를 먹을 정도로 고양이들의 입맛은 점점 고급스러워졌다. 여기에 예방접종과 중성화 비용까지 더해지니 지출은 늘어만 갔다.

하지만 가장 큰 걱정은 카페였다. 현재 운영 중인 건물은 임대인데, 집주인이 내년이면 10년이 되니 퇴거를 요구했다. 원래 이 건물주도 한때 카페를 운영하던 사람이었고, 그 주인으로부터 그 가게를 권리금 4천만 원을 주고 인수했지만, 이제 와서 아무런 보상 없이 나가라는 통보를 받은 상황이었다.

코로나 시기를 지나며 매출은 바닥을 치고, 장사는 힘든 시간을 견디며 회복되는 중이었다. 그런데도, 정성 들여 키워온 공간을 접어야 할지도 모른다는 현실은 막막하기만 하다. 무엇보다도 고민을 더하는 것은 24마리의 고양이들이다. 지난 10년 동안 카페의 한 공간이자 삶의 일부가 되어준 이 아이들을, 갑작스러운 이사나 폐업으로 어디로 데려가야 할지 막막한 상황이다. 공간이 사라지면, 그동안 함께해 온 시간과 기억, 아이들의 안정과 행복까지도 흔들릴 수밖에 없다. 그 모든 생각이 겹쳐, 숨 막히는 압박감과 답답함이 깊게 밀려오는 현실이다.

길고양이 새벽이

– 어느 지인이 겪고 내게 들려준 이야기다

주택에 살던 시절의 일이다. 어느 날 새벽, 둘째 아들이 작은 상자를 들고 집에 들어왔다. 상자 속에는 손바닥만 한 아기 고양이 한 마리가 웅크리고 있었다. 아들에게 사연을 묻자, 학성 새벽시장을 지나 집으로 오던 길에 그 고양이가 졸졸 따라왔다는 것이다. 차가운 겨울바람이 매섭게 불던 날이라, 아들은 외롭게 떨고 있던 새끼 고양이가 눈에 밟혀 그냥 두고 올 수 없었다고 했다. 덕분에 나는 아들을 향해 한 소리 했지만, 속으로는 그 마음이 고맙고 대견하기도 했다.

문제는 우리 집에 이미 반려견 한 마리가 있다는 것이었다. 이름도 '축복'이라 불리던 작은 말티즈였다. 축복이는 늘 집 실

내에서 우리와 함께 지냈기 때문에, 아기 고양이까지 들이는 것은 무리였다. 고민 끝에 새로 온 고양이는 마당에서 키우기로 했다. 새벽녘에 찾아온 인연이라 이름을 '새벽'이라고 지었다.

새벽이는 마당에서 자유롭게 뛰놀며 무럭무럭 자랐다. 고양이답게 본능은 숨길 수 없었는지, 어느 날은 쥐를, 어느 날은 참새를 잡아 현관 앞에 놓아두곤 했다. 아내는 그 광경을 보고 기

나는 길고양이 장의사

겹했지만, 나는 그 모습이 새벽이 나름의 '선물' 같아 미소가 지어졌다. 텃밭에 나가 잡초를 뽑고 있으면, 새벽이는 어김없이 곁에 와서 장난을 걸며 시간을 함께했다. 그 작은 몸짓 하나하나가 가족의 일상에 소소한 웃음을 더해주었다.

무엇보다도 내 마음을 울린 건, 아내를 향한 새벽이의 기다림이었다. 아내는 일을 마치고 늦은 밤에 귀가하는 날이 많았다. 그럴 때마다 새벽이는 담장 위에 올라가 한참을 앉아 있었다. 깜깜한 골목 끝에서 아내의 발걸음 소리가 들려오면, 귀를 쫑긋 세우고 반갑게 맞이했다. 마치 "고생 많았어요!"라고 말하는 듯한 그 모습에, 아내는 늘 마음이 녹아내린다고 했다.

돌아보면 새벽이는 단순한 길고양이가 아니라, 우리 가족의 일상에 스며든 또 하나의 따뜻한 가족이었다. 겨울 새벽길에서 우연히 맺어진 인연이 이렇게 우리 삶을 환하게 밝혀줄 줄은 그때는 미처 몰랐다.

그런데 문제는 그다음에 생겼다. 우리가 살던 집이 재개발에 들어가면서 아파트로 이사를 해야 했던 것이다. 말티즈 축복이는 늘 실내에서 지냈기에 함께 데려갈 수 있었지만, 마당에서 지내던 새벽이까지 아파트에서 키우기는 현실적으로 어려웠다. 고민 끝에 우리는 촌에 사는 지인에게 부탁해 새벽이를 맡겼다. 사료는 한 달에 한 번 큰 포대를 사주었다. 다행히 그곳에서 새벽이는 1년가량 무난히 잘 지내며 새로운 터전에 적응하는 듯했다.

하지만 예상치 못한 상황이 또다시 찾아왔다. 그 지인마저 이사를 가게 되어, 새벽이를 더 이상 돌볼 수 없게 된 것이다. 그 후 새벽이는 약 한 달간 사실상 방치된 채 지내야 했다. 마침 그 무렵, 날씨는 부쩍 추워졌다. 아내는 혹시나 새벽이가 굶주리거나 떨고 있지 않을까 걱정이 되어 촌으로 직접 찾아갔다.

그리고 그곳에서 믿기 힘든 광경을 마주했다. 새벽이가 자기 먹이가 담긴 포대를 물고 앞집 캣맘 집으로 가져간 것이다. 마치 "나를 돌봐주세요." 하고 스스로 도움을 청하는 듯한 행동이었다. 그 광경은 단순히 우연이라 하기에는 너무나 절실하고, 또 놀라운 본능의 발현이었다.

그 이야기를 들었을 때, 마음은 참 복잡했다. 한편으로는 신기하고 감탄스러웠지만, 다른 한편으로는 가슴이 아릿하게 저려왔다. '고양이가 과연 이렇게까지 똑똑하고, 스스로를 지키기 위해 의지를 표할 수 있는 존재구나!' 하는 생각이 들었다.

새벽이는 우리 가족에게 단순한 고양이가 아니었다. 길에서 떠돌다 새벽녘에 우리와 인연을 맺었고, 함께 지내며 웃음과 위안을 주었다. 그리고 마지막 순간에는 스스로 살길을 찾아내는

나는 길고양이 장의사

놀라운 모습을 보여주었다. 그 모습은 마치 인간에게 던지는 묵직한 메시지 같았다.

고양이들은 우리가 생각하는 것 이상으로 영리하고 감정이 깊은 존재다. 그런 똑똑한 생명들이 도로 위에서 로드 킬을 당해 허망하게 목숨을 잃는다는 사실은 너무나 안타깝고, 또 우리 사회가 반드시 되돌아봐야 할 문제라는 생각이 들었다.

새벽이는 4년이 지난 지금도 자연과 캣맘 집을 오가며 잘 지내고 있다.

새벽이가 물고 간 사료 포대가 보인다.

어느 캣맘의
길고양이와의 만남 이야기

일상에서 늘 있는 것도 관심을 두지 않으면 보이지 않는다. 어쩌다 골목길에서 마주하는 길고양이는 잠시 눈길은 끌지만, 지나고 나면 잊고 사는 존재였다. 길고양이는 잘 보이지 않지만, 골목골목마다 늘 우리와 함께 사는 존재라는 걸 2004년 가을, 아기 고양이를 만난 후부터 알게 되었다.

어느 날, 밤늦게 퇴근하고 집 주차장에 도착했다. 주차를 하고 들어가려는데 아기 고양이 울음소리가 들렸다. 주변을 둘러봐도 보이지 않아 그냥 집으로 들어갔는데, 한참 동안 울음소리가 그치지 않았다. 걱정이 되어 주차장에 가니 차 근처에 아기 고양이가 있었다. 밤새 울 것 같아 집으로 데리고 왔다. 그런데

나는 길고양이 장의사

밖에서 또 울음소리가 들렸다. '아이고! 한 마리가 더 있었나 보네!' 다시 주차장으로 갔다. 주차장의 작은 창고 안에서 울음소리가 들렸다. 창고의 문 아래에는 작은 틈이 있었다. 그런데 그 문은 잠겨 있어 고양이를 구할 방법이 없었다.

혹시 이러면 될까? 생각하면서 집으로 가 구조한 고양이를 데리고 창고로 갔다. 문틈으로 고양이를 보여주니 서로 보면서 울었다. 문틈 앞에서 바닥에 무릎을 꿇고 엎드려 고양이를 들고 조용히 기다렸다. 인기척이 없어지니 창고 안에 있던 고양이가 기어 나와 재빨리 고양이를 부둥켜안았다. 엄마가 없는 세상에서 서로 의지하고 있었는데, 갑자기 둘이 헤어지게 되어 얼마나 겁이 나고 불안했을까. 할 수 있는 일은 애타게 우는 것박에 없었을 것이다. 코끝이 시큰해지면서 눈물 나게 감동이 왔다. 그러나 고양이를 놓칠까 봐 감동을 누릴 새도 없이 얼른 집으로 갔다. 얼마나 못 먹었는지 많이 말라 있었다. 아기들은 잠시 겁먹고 낯설어하더니 금세 적응하고 서로 바짝 붙어서 떨어지지 않았다. 꾀죄죄한 얼굴과 몸을 닦아주고 먹을 것을 준 후 같이 밤을 보냈다.

다음 날 일을 마치고 집에 가니 참대 위에서 나란히 붙어 앉아 있다가 반갑게 뛰어나왔다. 너무 귀여웠고 마음의 문을 열어주어 고마웠다. 두 아기들을 데리고 동물병원에 갔다. 2거월 정도의 아기들이었고 불행히도 둘 다 건강이 좋지 않았다. 장이 안 좋아 입원을 해야 할 정도였다. 입원 치료 며칠 뒤 나중에 구조했던 아기가 하늘나라로 갔다. 그 어린 것이 열악한 환경 속에서 제대로 먹지도 못하고 고생만 하고 가서 마음이 많이 아팠다. 남은 아기는 병이 나으면 입양을 시켜야겠다고 생각했다.

매일 병원에 들렀다. 차도는 없고 갈수록 기운이 떨어지는 것 같았다. 아기는 기운이 없는 눈으로 나를 가만히 바라보다 이내 고개를 숙였다. 늘 보기만 하다가 어느 날 안아주고 싶어서 조심스레 안았다. 힘이 없어 미동도 잘 하지 않던 아기가 앞발을

나는 길고양이 장의사

내밀어 옷깃을 잡고 가만히 나를 쳐다보고 있었다. 작은 몸으로 아픔을 견디고 있는 모습에 가슴이 저려왔다. 평소와 다른 행동에 집으로 오는 내내 마음이 무거웠다. 다음 날 동물병원에서 전화가 왔다. 아기가 세상을 떠났다고. 마지막으로 보았을 때, 작은 발을 내밀며 옷깃을 당기고 나를 바라본 것이 작별 인사를 하려고 했던 것 같다.

일주일 정도의 짧은 시간이었는데, 자기들을 보살펴 준 것이 고마웠나 보다. 작은 생명체의 따스한 마음에 눈물이 났다.

이 일을 겪고 난 후, 길고양이가 자주 눈에 띄었다. 관심을 두니 보이지 않던 것이 보였다. 그리고 이런 의문이 들었다. '저 아이들은 어디서 먹을 것을 구할까? 물은?' 그들은 매일 먹을 것을 찾으러 다녀야 한다. 여름의 따가운 햇볕을 견디고 비가 와야만 물을 먹을 수 있다. 겨울의 매서운 추위에 한없이 떨고 물도 얼어서 먹지 못한다. 혹독하고 고단한 삶에서 그들에겐 태어나는 것이 축복받을 일이 아니라는 생각이 들었다.

길고양이가 보일 때마다 마음이 아프고 신경이 쓰였다. 그래서 집 주차장 근처의 고양이만이라도 물과 사료를 주기로 하고 2004년 소위 캣맘이 되었다. 이전엔 몰랐는데 캣맘에 더한 시선이 매우 부정적이어서 밤늦게 몰래 차 뒤에 숨어서 줘야 했다. 다행히도 집주인이 허락하셔서 조금은 마음 편하게 밤마다 아

이들을 만났다.

　매일 만나다 보니 누가 구역의 대장이고, 누가 새끼들의 아빠이고, 누가 엄마인지 알 수 있었다. 그리고 어미 고양이가 출산 후 2개월 정도 되면 새끼들을 서서히 독립시킨다는 것도 알게 되었다. 봄과 가을에 아기 고양이 울음소리가 많이 들리는 건, 새끼들의 독립 시기이기 때문이다. 집에서 키우는 반려묘의 경우, 어미 고양이는 새끼가 자라도 독립시키지 않고 여전히 사

　나는 길고양이 장의사

이좋게 지낸다. 이런 습성을 가지고 있는데도 길고양이들은 힘든 길 위의 생활에서 생존을 위해 모성애를 없애고 자식과의 인연을 끊어내는 것이다. 해마다 그런 모습을 보고 있으면 가슴이 많이 아프다.

사람에게 밥을 얻어먹는 어미 고양이는 새끼들의 득립 시기가 되면, 어디에서 먹을 것을 구하는지 가르치려고 새끼들과 함께 온다. 그리고 "이 사람은 믿어도 돼. 이 사람이 너에게 먹을 것을 줄 거야!"라는 메시지를 전달하면서 새끼들을 지켜보며 반복해서 교육한다. 처음엔 도망가거나 숨는 새끼들도 몇 번 연습을 하면 나중에 혼자 찾아온다. 그 교육 과정 동안 서끼 혼자 골목을 건너다 차에 치여 죽는 경우도 많다. 그리고 새끼의 죽음을 목격한 어미 고양이도 봤다. 충격을 받은 모습이었다. 매우 슬프고 안타까웠다. 길고양이의 삶은 행복보다 불행이 더 많다. 그래도 그 삶을 하루하루 꾸역꾸역 살아나간다. 그래서 봄, 가을마다 아기 고양이들이 보이면 마음이 착잡하다.

2013년 11월, 주차장 구역에 새로운 삼색 고양이가 나타났다. 그 고양이가 나만 따라다녀 '예쁜이'라고 이름을 지어 주고 특별한 우정을 쌓아갔다. 매년 출산으로 고생할 것이 안타까워 중성화 수술을 해주면서 입양했다. 첫 고양이 입양이었다. 예쁜이는 현재 12년째 같이 살고 있다. 그동안 다른 고양이도 입양

해서 동생이 둘이 되었다.

2020년부터는 주변 사정으로 캣맘을 못 하게 되었다. 밥을 줬던 고양이들이 걱정됐는데, 어느 날 다른 캣맘에게 가서 밥을 먹고 있는 것을 보고 안심이 되었다. 안 보이는 곳에서 챙겨주시는 분들이 계시니, 길고양이들이 밥을 먹는 동안만은 행복하지 않을까 싶다. 우리나라는 예전보다 동물에 대한 인식이 많이 바뀌었지만, 아직도 동물학대와 유기가 빈번하다. 길고양이들이 사람을 무서워하지 않고, 사람들도 웃으면서 따스한 눈길로 봐주는 동물과 사람이 아름답게 공존하는 세상이 되면 좋겠다.

나는 길고양이 장의사

제4장

◇◇◇◇◇◇◇

공존, 생명과 만나는
현실과 정책 사이

멸종위기종의 마지막

멸종위기종은 생태계의 건강성과 생물다양성 유지를 위한 핵심적 존재이다. 이들은 먹이사슬의 균형을 유지하고, 각 생태계에서 고유한 역할을 수행함으로써 자연환경의 안정성을 지탱하는 중요한 가치를 지닌다. 또한 과학적·의학적 연구 자원으로서의 가능성과 교육적·문화적 가치도 함께 내포하고 있다.

그러나 이러한 멸종위기종을 보호·관리하는 데에는 여러 문제가 존재한다. 첫째, 법과 제도는 마련되어 있으나 현장에서는 실행력이 부족하고, 기관 간 역할이 명확히 구분되지 않아 혼선이 발생하기 쉽다. 둘째, 멸종위기종 보호에 있어 가장 중요한 서식지 보전이 개발 위주의 정책에 밀려 실효성을 거두지 못하

나는 길고양이 장의사

고 있다. 셋째, 개체 수 보호에만 집중된 단편적 접근으로 인해 생태계 전체의 균형을 고려한 종합적인 보전 전략이 부족하다. 넷째, 시민들의 인식 부족과 현장 인력·예산의 한계로 인해 보호 정책이 지속성을 갖기 어렵다는 점도 문제로 지적된다.

특히 최근 들어 로드 킬에 의한 멸종위기종의 폐사가 늘어나고 있음에도 불구하고, 이에 대한 체계적인 대응 시스템은 미비한 실정이다. 도로 인근 서식지 파편화와 야생동물 이동 경로에 대한 고려 부족은 멸종위기종 개체 수 감소의 직접적 원인이 되고 있다. 또한 로드 킬 발생 시 사체의 수습, 신고, 처리 절차가 일관되지 않아 현장에서의 대응이 늦거나 방치되는 사례도 빈번하다.

멸종위기종의 보전은 단지 특정 종만의 문제가 아니라, 인간과 자연이 공존하기 위한 생태적 책임이자 미래세대를 위한 유산 보존의 일환이라 할 수 있다. 로드 킬을 포함한 다양한 위험 요소에 대한 통합적이고 지속 가능한 보전 전략이 시급히 요구된다.

도로 위에서 마주하는 죽음은 저마다의 무게를 지니지만, 그중에서도 우리의 모든 행동을 멈추게 하는 아주 특별한 비극이 있다. 바로 법이 그 존재의 귀함을 인정한 멸종위기종의 마지막을 발견하는 순간이다. 그럴 때 현장에는 싸늘한 정적과 함께 무거운 침묵이 흐른다. 눈앞의 사체는 더 이상 한 마리 동물의 주검이 아닌, 한 종(種)의 비극을 증명하는 국가의 법적인 대상 이 되기 때문이다.

멸종위기 보호 1급인 수달의 차갑게 식은 몸을 발견하는 날 이면, 나의 임무는 전혀 다른 국면으로 접어든다. 이 주검을 함 부로 옮기거나, 거두거나, 심지어 선의로라도 잠시 보관하는 행 위 자체가 「야생생물 보호 및 관리에 관한 법률」의 엄중한 심판 을 받기 때문이다. 이들을 보호하기 위해 만들어진 법이, 역설 적이게도 그 마지막 순간에는 나의 손길을 묶어버리는 것이다.

그래서 카메라를 들어, 이 비극의 마지막 풍경을 담담히 기 록한다. 그러고는 익숙한 번호, 환경부 통합 콜센터(110)나 관할 지자체로 전화를 건다. 신고는 꼬리를 무는 보고로 이어지고, 지방에서 중앙으로, 최종 지침이 내려오기를 기다리는 더디고 긴 시간이 시작된다.

경찰의 통제 아래 쓰러진 생명이 더 훼손되지 않도록 지킨다. 마침내 공식적인 지령이 내려오면, 사체는 국립생태원이나 국립 야생동물질병관리원 같은 국가 연구기관으로 이송된다. 그곳에 서 주검은 부검을 통해 사인을 규명하고, 유전 정보를 채취하 며, 생태 연구를 위한 귀중한 '표본'으로 다시 태어난다.

멸종위기종이 로드 킬을 당하게 하지 않기 위해서는 보호 대책이 강화되어야 한다. 멸종위기종이 자주 출몰하는 지역에는 생태통로 설치, 경고 표지판 확대, 차량 감속 유도 등 실질적인 예방책이 적극적으로 시행되어야 한다.

멸종위기종의 보호는 구호로만 그쳐서는 안 된다. 한 번 멸종하면 다시는 돌이킬 수 없기 때문이다. 멸종은 단순히 한 종의 소멸에 머물지 않는다. 그것은 곧 그 종이 속한 생태계의 균형을 무너뜨리고, 결국 인간의 삶에도 직접적인 위협을 가져온다. 하나의 종이 사라지는 일은 숲에서 별빛 하나가 꺼지는 것과 같아, 언젠가는 우리 모두가 어둠 속에 서게 될 수도 있다. 그렇기에 멸종위기종의 보호는 선택이 아닌 필수이며, 미래 세대에게 반드시 지켜내야 할 우리의 책무이다.

유기동물 안락사

한때 가족이라 불렸던 생명이 낯선 길 위에 홀로 남겨지는 순간이 있다. 특히 들뜬 마음이 가득한 여름 휴가철이나 명절 연휴가 지나면, 함께했던 시간의 온기는 차갑게 식고 그 자리는 유기라는 잔인한 현실로 채워진다. 길을 잃은 일도 있지만, 상당수는 명백한 의지를 가진 사람의 손에 의해 버려진 존재들이다.

농림축산식품부의 동물보호관리시스템(APMS)에 따르면, 한해 평균 10만 마리가 넘는 생명이 이렇게 버려져 구조된다. 이 숫자는 신고되어 공식적으로 집계된 것일 뿐, 어두운 골목 어딘가에서 조용히 사라져 가는 생명까지 합하면 그 수는 헤아리기조차 어렵다. 구조된 동물들은 차가운 철창 안에서 '유기동물'

나는 길고양이 장의사

이라는 새로운 분류 코드를 부여받는다.

이곳에서 법적으로 보장된 '기적을 기다리는 7일'이라는 시간이 주어진다. 「동물보호법 시행규칙」에 따라 최소 7일 이상 주인을 찾기 위한 공고가 이루어지는 것이다. 이 기간은 주인이 애타게 찾고 있을지도 모른다는 마지막 희망이자, 버려진 아이에게 인간 사회가 부여하는 최소한의 유예 기간이다.

하지만 통계는 이 희망이 얼마나 희박한지를 냉정하게 보여준다. 7일의 시간이 지나고 나면, 해당 동물의 소유권은 법적으로 지방자치단체로 이전된다. 이제 더 이상 누군가의 탄려동물이 아닌, 행정 시스템이 책임져야 할 하나의 '개체'가 되는 것이다. 이때부터 유기동물의 운명은 세 갈래 길로 나뉜다.

2022년 통계 기준, 구조된 유기동물 중 새로운 가족을 만나 입양되는 행운은 약 27.8%에 불과하다. 나머지 생명은 또 다른 운명을 맞이한다. 보호소 내에서 질병이나 쇠약으로 자연사하는 경우가 약 26.1%에 달하며, 이는 열악한 보호 환경과 유기동물들이 겪는 극심한 스트레스를 방증한다. 그리고 남은 선택지, 안락사(Euthanasia)가 있다. 이는 전체 구조 동물의 약 16.8%를 차지하는, 가장 무겁고 슬픈 마지막이다. 안락사는 결코 무분별하게 시행되지 않는다. 그것은 모든 가능성이 소진된 후에야 비로소 고려되는, 인간이 내릴 수 있는 가장 고통스러운 결

정이다.-[농림축산식품부 통계 인용]

안락사는 원칙적으로 ▲공고 기간이 지나도 입양되지 않고 ▲전염병 확산의 우려가 있거나, 회복 불가능한 질병 및 중증 외상으로 극심한 고통을 겪는 경우 ▲보호소의 수용 능력을 초과하여 다른 동물의 생존 환경마저 위협하는 경우에 한해, 수의사의 전문적 진단과 판단 아래 시행된다. 이는 생명의 존엄을 경시하는 행위가 아니라, 끝없는 고통의 연장을 막고 제한된 자원 속에서 더 많은 생명을 구하기 위한 불가피한 선택이자 슬픈 책무이다.

이 모든 과정은 고통을 최소화하는 인도적인 방식으로 이루어지며, 기록으로 남는다. 이 기록은 단순한 행정 서류가 아니다. 그것은 한 생명이 우리 곁에 분명히 존재했다는 마지막 증거이자, 우리 사회가 끝내 그 생명을 온전히 품어주지 못했다는 아픈 성찰의 기록이다.

결국 유기동물 안락사라는 차가운 숫자는 보호소 시스템의 문제가 아니라, 애초에 그들을 길 위로 내몬 인간의 책임 문제로 귀결된다. 그 차가운 숫자는 한때 누군가의 발치에서 잠들었고, 따스한 이름을 가졌던 수많은 생명의 무게인 것이다.

나는 길고양이 장의사

유기동물 장례와 반려동물 장례

도심 속 삶에는 이름조차 없는 생명들이 함께 숨 쉬고 있다. 길 위에서 먹이를 찾아 헤매고, 사람들의 발길 사이에서 몸을 숨기며 살아가는 길고양이와 유기동물들. 그들은 우리의 일상 속에서 스쳐 지나가며 존재하지만, 죽음 앞에서는 누구에게도 환영받지 못한 채 조용히 사라지곤 한다. 동물 장례에 다한 문제는 이제 깊이 생각해 보아야 할 때이다.

나는 나를 '길고양이 장의사'라 부른다. 현장에 나가면 죽은 고양이 앞에 잠시 발걸음을 멈추는 시민들을 종종 만난다. 비 내리는 아침, 젖은 몸으로 도로에 누워 있는 고양이를 보고 그냥 지나치지 못하고 신고했던 사람의 모습은 인간성과 동물이 맞닿을 수 있는 작은 다리를 보여준다. 때로는 누군가가 음료수 한 박스를 건네며 "좋은 일을 하신다."라는 말을 남기고, 또 다른 이는 말없이 눈빛만 주고받는다. 그 짧은 순간들이야말로 깊은 위로가 된다.

중국에서는 이미 동물 전용 소각 차량이 운영되고 있다. 우리나라에도 이러한 이동식 소각 설비가 도입된다면, 현장에서의 처리 효율성과 비용 절감은 물론, 작고 외로운 죽음을 보다 품격 있게 마무리할 수 있을 것이다.

현실은 냉혹하다. 집 앞에서 죽은 고양이를 발견한 시민이, 쓰레기봉투에 담는 것이 마음에 걸려 옷으로 정성껏 감싸 내놓는 경우가 있다. 이는 단순한 감정적 행동이 아니다. 연약한 생명에게 최소한의 예의를 지키려는 인간 본연의 마음에서 비롯된 것이다. 바로 그 마음을 제도와 행정이 존중할 수 있는 사회가 되어야 한다.

로드 킬 당한 동물의 죽음이 존중받는 사회라면, 그들이 살아가는 동안의 삶 또한 한층 더 따뜻해질 것이다. 우리나라의 산속과 길에서 사는 동물들은 살 때와 마찬가지로 죽은 후에도 우리의 무관심 속에 방치되어 있다.

반면 반려동물의 장례식장은 전국에 분포되어 있다. 유기동물은 살아있을 때와 같이 죽을 때도 존엄을 인정받지 못한다.

나는 길고양이 장의사

하지만 반려동물의 경우는 다르다. 반려동물과 함께 살아가는 사람이 많기에, 참고로 반려동물의 장례식장과 관련된 내용을 소개하면 다음과 같다.

반려동물 장례 절차와 비용

반려동물 장례는 단순히 시신을 처리하는 과정이 아니라, 오랫동안 함께한 가족을 존엄하게 떠나보내는 의식이다. 장례는 일반적으로 접수 및 상담 → 안치 → 염습과 입관 → 츠모 예식 → 화장 → 유골 수습 및 안치 → 사후 관리의 단계로 진행된다.

먼저 반려동물이 세상을 떠나면, 보호자는 장례식장에 연락하여 일정을 조율한다. 이때 운구 차량을 요청할 수 있으며, 거리에 따라 5만 원에서 10만 원 정도의 비용이 발생한다. 보호자가 직접 장례식장을 방문하는 경우에는 별도의 운구 비용이 들지 않는다.

장례식장에 도착한 반려동물은 전용 안치실에서 일정 시간 동안 보관된다. 이는 시신의 부패를 막기 위한 조치이며, 하루 정도는 무료로 제공되기도 한다. 이어지는 과정은 염습과 입관이다. 장례지도사가 시신을 깨끗하게 닦고 털을 정리한 뒤, 수의나 천으로 감싸 전용 관이나 요람에 둔다. 이 과정에서 사용하는 수의와 관의 종류에 따라 10만 원에서 40만 원 정도의 비용이 추가된다.

입관이 끝나면 추모 예식이 진행된다. 가족은 추모실에서 마지막 인사를 나누며 헌화, 편지 낭독, 사진 전시 등으로 반려동물을 기린다. 기본 추모실 이용은 무료 또는 소액으로 가능하며, 영상 추모나 맞춤 장식은 10만 원에서 30만 원 정도의 비용이 발생한다.

화장은 장례의 핵심 절차이다. 체중에 따라 비용이 달라지는데, 소형견이나 고양이는 15만 원 내외, 중형견은 20만 원대, 대형견은 30만 원에서 50만 원 이상이 소요된다. 공동 화장은 비용이 저렴하지만, 유골을 돌려받을 수 없으며, 개별 화장은 유골을 수습할 수 있다는 점에서 선호된다.

화장이 끝나면 유골을 수습하여 유골함에 담는다. 기본 유골함은 장례 비용에 포함되는 경우가 많지만, 고급 유골함이나 특별 제작품을 선택하면 20만 원에서 50만 원 이상의 추가 비용이 발생할 수 있다. 이후 유골은 가정에 모셔두거나, 납골당이나 추모관에 안치할 수 있으며, 연간 안치비는 10만 원에서 20만 원 수준이다. 최근에는 유골을 자연에 돌려보내는 수목장을 선택하기도 한다.

마지막으로 장례식장은 화장증명서를 발급한다. 이는 동물

등록 말소 신고에 필요한 공식 문서로, 행정 절차에 반드시 활용된다.

전체 비용은 최소 15만 원에서 시작하여, 선택하는 절차와 서비스, 반려동물의 크기에 따라 수십만 원 이상으로 달라진다. 그러나 중요한 것은 비용의 크기보다는 보호자가 마음을 다해 마지막 순간을 함께하며 반려동물을 존엄하게 떠나보내는 데에 있다.

유기동물 보호 문제에 대하여

    부산에는 시에서 운영하는 유기동물 보호소가 있는데, 시설이 좋다고 들었다. 하지만 울산에는 현재 서생면에 보호소가 있는데, 매우 열악하다. 원래는 버섯 농장이었지만, 개조하여 동물 보호소로 사용하고 있다. 보호 중인 동물만 해도 약 400마리에 달한다. 이 많은 생명이 냄새가 가득한 비좁은 공간 안에서 하루하루를 보내고 있다. 아무리 청소를 해도 사방에 퍼진 배설물 냄새는 사라지지 않는다. 숨쉬기 힘든 공간에서, 동물들이 겪을 고통은 짐작조차 어렵다. 게다가 위탁을 받아 시설을 운영하는 주체도 어려움을 겪고 있다.

    유기동물을 발견하면 시민은 시청이나 구청으로 신고한다.

나는 길고양이 장의사

이후 사단법인 동식물관리보호협회로 이관되며, 다친 동물은 각 구청이 지정한 동물병원으로 보내진다. 주인이 없는 동물은 보호소로 이송된다. 하지만 그 이후는 참담하다. 보호소는 좁고 낡고, 인력은 부족하다. 법적으로는 일주일에서 열흘 정도 보호해야 하고, 그동안 한 마리당 12만 원의 지원금이 나온다.

이 기간 안에 입양이 되도록 인터넷에 분양 공고를 올리지만, 구조된 많은 동물은 결국 입양되지 못한다. 보호 기간이 지나면 수의사를 불러 안락사를 시행한다. 그것이 현실이다. 누군가의 반려견이었을지도 모를 생명이, 그렇게 조용히 사라진다.

더 안타까운 건 '로드 킬'이다. 차에 치여 죽은 동물은 사람들에게 '그저 쓰레기'로 취급된다. 책임은 일부 개인과 단체에 맡기고, 공공은 예산과 구조의 틀 안에서 뒷짐을 지고 있는 셈이다.

그렇다면 어떻게 해야 할까?

지자체가 보호소를 지었다면, 운영까지도 책임져야 한다. 위탁 운영만으로는 문제 해결이 불가능하다. 공공 인력을 배치하고, 동물 전문 복지사나 행동 전문가를 채용해 '보호'라는 이름에 걸맞은 공간으로 바꾸어야 한다.

유기동물 보호 기간을 현실적으로 늘리고, 안락사 기준을 더 엄격히 정해야 한다. 치료와 입양 가능성을 더 열어주기 위한 노력도 함께 병행되어야 한다.

시민의 참여도 확대되어야 한다. 유기동물 보호소의 운영을 단지 지자체와 민간위탁의 문제로만 볼 것이 아니라, 시민 전체가 함께 책임져야 할 사회 문제로 바라봐야 한다. 자원봉사 확대, 일시 보호제도(임시 보호 가정), 입양 문화 개선이 필요하다.

그리고 유기동물을 대하는 우리의 시선은 곧 생명을 바라보는 태도와 맞닿아 있다. 동물은 버려도 되는 존재가 아니라, 함께 사는 존재라는 인식의 전환이 필요하다. 이는 교육을 통해 어릴 때부터 심어야 할 가치다.

유기동물 보호는 단지 동물을 위한 일이 아니다. 그것은 우리가 '생명'을 어떻게 대하는 사회인지, 우리 자신에게 던지는 질문이기도 하다.

누군가의 끝까지 책임지지 않은 선택이, 또 다른 누군가의 삶을 위협하고 있다. 이제는 '누군가가 하겠지!'가 아니라, '우리가 모두 함께하자!'라는 목소리가 필요하다. 나는 그 시작이 되길 바란다. 그리고 당신도 함께해 주길 바란다. 작은 생명 하나에도, 우리가 다시 책임을 지는 사회를 만들 수 있기를.

로드 킬, 아스팔트 위에 새겨진 공존의 물음

대한민국의 도로 위에는 매일같이 수많은 생명이 소리 없는 비명을 지르며 사라진다. 이는 단순한 사고 기록을 넘어, 인간 중심의 개발이 초래한 생태계의 상처이자, 우리 사회가 풀어야 할 공존의 숙제를 보여주는 냉정한 지표이다. 2023년 한 해에만 3만 건 이상으로 추정되는 로드 킬은, 빠른 속도로 삶의 터전을 확장해 온 인간과 그 길 위에서 생존을 위협받는 동물들의 위태로운 교차점을 고스란히 드러낸다. 통계에 잡히지 않은 로드 킬까지 합한다면, 그 수는 엄청나게 늘어날 것이다.

무엇이 이들을 위험천만한 아스팔트 길 위로 내모는 것일까. 근본적인 원인은 산업화와 도시화가 낳은 '서식지 파괴'에 있다.

숲과 들판을 가로지르는 도로는 동물들에게 거대한 콘크리트 강과 같아서, 먹이를 찾고 짝을 만나기 위한 본능적인 이동 경로를 가로막는다. 결국 생존을 위해 목숨을 걸고 도로를 건너는 비극적인 선택을 할 수밖에 없다. 특히 고라니처럼 불빛에 순간적으로 몸이 굳거나 예측 불가능하게 행동하는 동물들의 습성은 사고의 위험을 더욱 높인다. 이 비극은 동물의 생명뿐만 아니라, 차량 파손과 2차 추돌 사고의 위험, 그리고 운전자가 짊어져야 할 깊은 정신적 충격까지 남기며 우리 사회 전체에 무거운 비용을 지우고 있다.

이처럼 인간의 필요로 인해 끊어진 생명의 길을 다시 잇기 위한 책임 있는 노력이 시급하다. 그 시작은 과학적 데이터에 기반한 체계적인 대응에서 찾아야 한다. 사고가 잦은 곳을 정밀하게 분석하여, 동물이 도로로 진입하는 것을 막는 유도 울타리를 설치하고, 그 길의 끝에 안전하게 건널 수 있는 생태통로나 지하도를 마련하는 것이 가장 효과적인 물리적 해법이다. 실제로 이러한 생태 중심의 도로 인프라는 해당 구간의 로드 킬을 절반 이상 줄이는 놀라운 성과를 보여주며, 인간과 자연이 공존할 수 있다는 희망을 제시한다.

하지만 거대한 구조물과 첨단 기술만으로는 이 비극의 마침

나는 길고양이 장의사

표를 찍을 수 없다. 마지막 방어선은 결국 운전대를 잡은 우리 자신에게 있다. '야생동물 출현 주의' 표지판을 단순한 경고로 여기지 않고, 언제든 생명이 나타날 수 있다는 '생태적 감수성'을 갖고 속도를 줄이는 습관이 필요하다.

나아가 이러한 노력은 운전자 개인을 넘어, 우리가 발 딛고 사는 지역사회 전체로 확장될 때 비로소 완성된다. 도로 주변에 음식물 쓰레기를 버리지 않아 동물이 도로로 유인되는 것을 막는 작은 실천, 로드 킬 사고를 목격했을 때 외면하지 않고 지자체에 적극적으로 신고하는 시민의식은 매우 중요하다 이렇게 모인 소중한 데이터는 보이지 않던 사고 지점을 밝혀내고 더 촘촘한 안전망을 구축하는 '시민 과학'의 힘이 된다.

결국 로드 킬은 우리에게 묻고 있다. 더 빠르고 더 넓은 길을 추구하는 동안, 우리는 곁에 있는 다른 생명을 얼마나 헤아려 왔는지를 말이다. 로드 킬을 줄이는 것은 단순히 동물을 보호하는 시혜적 차원을 넘어, 우리 사회의 안전을 지키고 생태계의 건강성을 회복하는 일이다. 이는 인간과 자연이 서로의 영역을 존중하며 함께 살아가는 지속 가능한 미래를 향한, 우리 세대의 성숙한 첫걸음이 될 것이다.

귀 끝이 말해주는 것 - 길고양이 중성화

　로드 킬 당한 고양이를 수습할 때, '이렇게 죽을 거면 차라리 태어나지 말았으면 좋았을 걸!' 하는 생각이 들곤 했다. 그러한 생각은 나만이 아닐 것이다. 그래서 지자체에서는 길고양이들이 태어나는 것을 막기 위해 중성화 수술을 한다.

　골목 어귀, 아파트 화단, 주차장 담벼락 아래. 이름 없이 살아가는 길고양이들은 도시의 그늘 속에 조용히 존재한다. 귀를 기울이면, 그들 곁에는 자신만의 방식으로 돌보는 사람들이 있고, 그들과 공존하기 위한 제도도 있다. 그 대표적인 사례가 바로 길고양이 중성화 수술, 이른바 TNR(Trap-Neuter-Return) 정책이다.

　　　　　　　　　　　　　　　　　　　　나는 길고양이 장의사

정관수술, 생명을 존중하는 또 다른 방식

TNR은 포획(Trap), 중성화 수술(Neuter), 방사(Return)의 세 단계를 통해 이루어진다. 그중에서도 수컷 고양이에게 시행되는 수술이 바로 정관수술이다. 생명을 거두는 것이 아니라, 새로운 생명이 태어나는 고통을 줄여주는 방식이다.

정관수술은 통상 수의사가 국소 또는 전신마취 하에 고양이의 생식 기능을 제거하는 방식으로 진행되며, 10~20분 정도 소요된다. 수술비는 병원마다 다소 차이가 있으나, 평균 한 마리당 약 15만 원 내외의 비용이 들어간다.

이러한 수술비 전액 또는 일부는 지역 지자체에서 부담한다. 각 시·구청에서는 '길고양이 중성화 지원사업'을 연 1~2회 실시하여, 고양이를 돌보는 시민들과 협력해서 일정 수의 개체에 대해 수술을 진행한다.

귀 끝이 잘린 고양이

중성화된 길고양이들은 귀 끝이 뭉툭하게 잘려져 있다 일명 '귀 컷'이라 불리는 이 표식은 단순한 상처가 아니다. 이는 "나는 중성화된 고양이입니다."라는 표시이자, 다시 포획되어 불필요한 고통을 겪지 않게 하기 위한 배려이다.

보통 수컷은 오른쪽 귀, 암컷은 왼쪽 귀를 커팅한다. 한눈에 알아볼 수 있는 이 작은 표식 하나로, 포획자나 돌봄이가 중성화 여부를 확인하고, 다시 포획하지 않도록 돕는다. 이는 고양이에게는 생존의 안전망이며, 인간에게는 관리의 효율성을 주는 장치이기도 하다.

포획은 어떻게? 틀은 누가? 구청과 시민의 협업

포획 과정도 체계적이다. 길고양이 중성화 사업은 대부분 주민의 신청을 통해 이뤄지며, 시·구청은 포획 틀(케이지)을 대여해 준다. 신청자가 "○○동에 고양이 몇 마리가 있습니다."라고 하면, 구청은 지정 동물병원과 협의하여 수술 날짜를 정하고, 포획 기간을 지정한다.

포획 틀은 사람이 손대지 않고 고양이를 유인하는 방식으로 설계되어 있으며, 안전하게 고양이를 포획할 수 있다. 일부 지역에서는 동물보호단체나 자원봉사자가 포획을 돕기도 한다.

수술 후에는 일정 시간 병원 또는 임시 보호소에서 회복을 도운 뒤, 다시 원래의 영역에 방사한다. 이는 고양이의 '영역성'을 존중하기 위한 조치로, 생태계의 질서를 지키는 데 중요한 절차다.

왜 중성화인가?

길고양이 문제는 단순한 민원이 아니다. 매년 수많은 새끼 고
양이가 태어나지만, 그중 상당수는 어미의 보호를 받지 못하거
나, 교통사고·영양실조·질병 등으로 짧은 생을 마감한다. 번식이
이어질수록 고양이 개체 수는 기하급수적으로 늘어나고, 이는
사람과의 마찰도 심화시킨다.

중성화는 불필요한 생명의 고통을 막고, 사람과 동물이 평
화롭게 공존할 수 있는 환경을 조성하기 위한 가장 현실적이고
지속 가능한 방법이다. 실제로 TNR 정책이 안정적으로 정착된
지역에서는 고양이 관련 민원이 감소하고, 길고양이들의 건강
상태도 개선되는 긍정적 결과가 나타나고 있다.

조용히, 그러나 꾸준히 이어져야 할 제도

길고양이 중성화 사업은 보도자료나 뉴스에 잘 드러나지 않
는다. 하지만 이 정책은 지역사회의 건강한 생태를 지탱하는 보
이지 않는 복지의 한 형태이다. 이를 가능하게 하는 것은 제도

를 운용하는 행정과, 손끝으로 생명을 돌보는 시민들이다.

이 조용한 연대가 이어질수록, 도시의 그늘에 살아가는 작은 생명도, 조금은 덜 외롭고 덜 고통스럽게 살아갈 수 있다. 귀 끝이 잘린 고양이를 마주쳤다면, 그저 안타까워하지 말고 알아주었으면 한다.

그 귀는 우리가 동물과 함께 살아가기 위해 얼마나 조용한 노력을 해왔는지를 말해주는, 작지만 강한 증거이기 때문이다.

유기동물과 공존하는
국내외 사례들

캐나다 밴프 국립공원의 사례를 보면, 이 지역은 사슴, 엘크, 곰 등 다양한 야생동물이 도로를 횡단하는 빈도가 높아 로드 킬 사고가 잦았다. 이를 해결하기 위해 공원 관리 당국은 도로와 자연 서식지를 연결하는 야생동물 전용 육교와 지하도, 터널 등을 설치했다. 이러한 통로는 동물이 도로 위로 직접 올라오는 것을 방지하고, 안전하게 반대편으로 이동할 수 있도록 설계되어 있었다. 통로 설치 후 연구 결과, 동물들이 도로를 횡단할 때 통로를 적극적으로 이용함으로써 로드 킬 발생률이 눈에 띄게 감소했고, 차량과 동물 모두의 안전이 크게 향상되었다.

미국 플로리다주에서도 비슷한 사례가 있다. 플로리다 블랙

베어, 너구리, 여우 등 야생동물이 출몰하는 지역에 야생동물 통로를 설치하고, 도로 양옆에 울타리를 함께 구축함으로써 동물들이 통로를 자연스럽게 이용하도록 유도했다. 이 조치 덕분에 동물의 도로 횡단 과정에서 발생하는 사고가 줄었을 뿐만 아니라, 운전자의 안전사고 위험도 함께 감소했다. 또한 울타리와 통로를 연결한 설계는 동물이 이동할 때, 스트레스를 최소화하도록 배려한 것이 특징이었다.

모로코와 터키의 거리에서는 고양이들이 사람들과 자연스럽게 어울리며 자유롭게 살아가는 모습을 흔히 볼 수 있다. 모로코에서는 좁은 골목과 광장, 시장 곳곳에서 고양이들이 자유롭게 걸어 다닌다. 심지어 식당 안에 고양이가 앉아 있는 풍경도 흔하며, 손님들이 식사하는 동안 고양이는 조용히 발밑이나 테이블 옆에 머물기도 한다. 모스크 주변에서도 고양이는 거리낌 없이 드나들며, 기도하는 사람들과 함께 공존한다. 이러한 일상 속에서 사람들은 고양이를 단순한 동물이 아니라, 함께 살아가는 존재로 존중하며 돌본다. 행인들이 먹이를 주거나 쓰다듬어 주는 모습은 매우 자연스럽고 따뜻하게 느껴진다.

터키 또한 고양이를 향한 따뜻한 배려가 일상화되어 있다. 이스탄불과 앙카라 등 도시 거리에서는 고양이가 사람들의 발걸음 사이를 자유롭게 누비며 돌아다니고, 상점 안이나 카페 안

나는 길고양이 장의사

에서도 편안하게 앉아 있는 모습을 쉽게 볼 수 있다. 도시 곳곳에는 고양이를 위한 급식소와 쉼터가 마련되어 있어, 누구든지 음식을 제공하거나 쉬어갈 수 있도록 배려한다. 이러한 환경 덕분에 고양이들은 사람을 전혀 두려워하지 않고, 사람들은 고양이를 존중하며 보호하는 것이 자연스러운 문화로 자리 잡았다. 사람과 고양이가 서로를 방해하지 않으면서도 서로에게 관심과 애정을 주고받는 모습은 도시 전체가 살아 있는 공존의 장이라는 인상을 준다.

우리나라에서 길고양이와 사람이 공존하는 모습은 도시, 캠퍼스, 주거지, 관광지 등 다양한 공간에서 나타나고 있다. 이러한 공존의 배경에는 길고양이에 대한 인식의 변화와 이를 실천으로 옮긴 시민·단체·지자체의 노력이 있다.

대도시를 중심으로 시행되는 TNR(포획·중성화·방사) 제도는 대표적인 공존 사례이다. 길고양이를 무작정 없애는 대신, 개체 수를 조절하고 원래 살던 터전에 방사하여 영역을 유지하게 함으로써 무분별한 번식을 막고 사람과의 갈등을 완화하는 과학적 방법이다. 이 제도는 길고양이의 생태적 특성을 존중하는 동시에 주민 생활환경 개선에도 기여하고 있다.

대학 캠퍼스는 길고양이와 사람이 공존하는 또 다른 대표 공간이다. 고려대학교의 '고고쉼', 경희대학교의 'KHUCat', 연세대학교의 '연냥심'과 같은 학생 동아리는 캠퍼스 내에 급식소와 쉼터를 마련하고, 정기적인 TNR을 통해 개체 수를 관리하고 있다. 일부 학교는 동물병원과 협력하여 'TNR Day'를 운영하거나, 학교 차원의 길고양이 돌봄 지침을 마련하여 관리 체계를 공식화하였다. 그 결과, 길고양이는 캠퍼스의 마스코트로 자리 잡았으며, 학생들의 일상 속에서 친근한 존재가 되고 있다.

주거지 골목에서도 공존의 양상이 뚜렷하다. 과거에는 쓰레기봉투 훼손으로 인한 주민 불만이 많았으나, 최근에는 주민들이 자발적으로 급식소를 설치하고 관리하면서 쓰레기 훼손이 줄어들고 길고양이의 건강 상태가 향상되었다. 또한 길고양이가 쥐를 잡아주어 주거 환경이 개선되는 긍정적인 효과도 나타나고 있다. 일부 마을은 '길고양이 돌봄 규약'을 만들어 급식 시간과 장소를 정하고, 중성화 수술을 의무화하여 갈등을 최소화하고 있다.

관광지나 문화마을에서도 길고양이와의 공존이 이루어지고 있다. 통영 동피랑, 전주 한옥마을, 경주 골목길과 같은 지역에서는 길고양이가 자연스럽게 관광객과 어울리고 있으며, 일부 상인은 고양이 관련 기념품을 제작하여 판매하고, 수익금을 돌봄 활동에 사용하고 있다. 이로 인해 길고양이는 마을의 상징이

나는 길고양이 장의사

자 관광 자원으로 기능하고 있다.

이처럼 길고양이와 사람의 공존은 단순히 같은 공간을 공유하는 것을 넘어 생태적 기능, 제도적 장치, 문화적 가치가 결합된 사회적 합의의 결과이다. 길고양이는 쥐를 잡는 것과 같은 실질적 이익을 제공하는 동시에, 지역의 문화와 정체성을 형성하는 중요한 존재로 자리매김하고 있다.

동물이 살아갈 수 없다면

도시는 빠르게 성장한다. 도로는 넓어지고, 차는 더 빠르게 달린다. 우리는 그것을 발전이라 부른다. 그러나 그 발전의 이면에는 매일같이 죽어가는 생명이 있다. 그 이름은 '로드 킬'. 자동차가 달리기 위해 만든 길 위에서, 이름조차 없는 수많은 생명이 조용히 사라진다. 작은 고양이, 너구리, 고라니, 삵, 심지어 멸종위기종까지. 우리는 그들을 스쳐 지나가며 "안타깝다."라고 말하지만, 멈추지 않는다. 그렇게 도시의 가장자리는 죽음을 예고하는 고요한 장례식장이 되어간다.

우리는 산을 깎고 강을 돌려 도로를 놓는다. 그 길은 인간에게는 편리함이지만, 야생동물에게는 벽이자 덫이다. 길을 내고,

나는 길고양이 장의사

불을 밝히고, 소음을 내는 그 모든 행위는 비인간 존저의 삶을 배제하는 선택이다. 한때 그곳을 터전 삼아 살아가던 동굴들은 이동로를 잃고, 서식지를 잃고, 결국 생명을 잃는다. 이것은 '우연한 사고'가 아니다. 명백히 인간 중심으로 설계된 도시에 의해 만들어진 구조적 비극이다. 그러나 우리는 여전히 묻지 않는다.

"누구를 위한 도시인가?"
"그 길 위에서 어떤 생명이 죽어가고 있는가?"

이 땅에서 도로는 '선'이 아니라, '장벽'이 되고 있다. 동물들은 단절된 생태계 속에서 고립되고, 낯선 빛과 소리에 쫓기다 결국 도로로 나온다. 그리고 차량과의 충돌로 삶을 마감한다. 문제는 숫자가 아니다. 죽은 고양이 한 마리, 눌린 너구리 한 마리, 정체불명의 생명 하나. 그 하나하나가 도시가 내버린 생태적 외침이다.

더욱이 우리는 그런 죽음을 '자연스러운 일'로 여기며 무감각해지고 있다. 문명의 무관심은 곧 공존의 포기를 뜻한다.

동물이 살아갈 수 없다면 인간도 살아갈 수 있을까? 이 물음을 진지하게 받아들여야 할 때다. 우리는 수많은 생명 위에 길을 냈다. 이제 그 길이 우리를 어디로 데려가는지 되물어야 한다. 야생동물이 살 수 없는 환경은 결국 인간에게도 안전하지 않고, 지속할 수 있지 않은 환경이다. 왜냐하면 우리가 누리는 공기, 물, 생태계는 모두 수많은 생물종이 함께 유지해 온 복잡한 균형 위에 존재하기 때문이다. 길 위의 한 생명을 지키는 일은 결국 인간 자신의 삶을 지키는 일이기도 하다. 우리는 더 이상 길을 단순한 이동 수단으로만 바라보아선 안 된다. 그 길 위에서 누가 함께 살아가야 하는지, 누구를 배제하고 있는지, 그리고 그 결과가 우리에게 어떤 미래를 가져올 것인지까지 생각해야 한다.

이제 우리는 선택해야 한다. 속도 대신 '속도 조절'을, 편리함 대신 '배려'를 말할 때다. 생태통로 설치, 로드 킬 감지 시스템, 저속 운전 권장, 야생동물 주의 표지판. 그 모든 것이 생명을 위한 조치이자, 인간을 위한 미래 투자다. 한 사람의 시선, 한 차량의 감속, 한마디의 신고 전화. 그 사소한 실천들이야말로 생명을 살리는 도시의 조건이다.

"사람만이 이 도시의 주인인가?"

그리고 우리는 되묻는다. 동물이 살아갈 수 없는 도시에서 인간은 얼마나 더 살아갈 수 있을까. 공존은 선택이 아니라 책임이다.

나는 길고양이 장의사

대통령의 반려동물 출연,
무엇이 문제였을까

2023년 5월 28일에 SBS 'TV 동물농장'에 우리나라 대통령이 직접 출연해 반려동물들과 함께하는 모습이 나왔다. 대통령이 기르고 있는 강아지 6마리, 고양이 5마리, 총 11마리의 반려동물들이 방송에 등장한 장면은 많은 이들의 관심을 끌었고, 곧이어 SNS와 각종 커뮤니티에는 "출연해도 된다."라는 의견과 "출연은 부적절했다."라는 의견으로 나뉘며 뜨거운 논쟁이 벌어졌다.

해당 방송을 제작한 PD의 입장에서는 오락적인 콘텐츠로서 흥미 요소를 극대화하기 위한 섭외였을 것이다. 반려동물과의 친밀한 일상, 대통령의 인간적인 면모를 보여주는 연출은 분명

시청자들의 공감을 끌어내기에 충분했을 것이다.

하지만 이 장면이 과연 지금의 시대정신에 부합했는가에 대해선, 다시 한번 생각해 볼 필요가 있다.

우선, 대통령이 동물을 아끼고 그들과 함께 살아가는 모습 자체는 충분히 아름답고, 또 존중받아야 할 일이다. 반려동물과의 교감은 생명에 대한 존중에서 비롯된 것이며, 이는 사회적 약자와 소외된 존재들에 대한 배려로 이어질 수 있다는 점에서 지도자의 인간적인 면모를 긍정적으로 보여주는 사례로 평가될 수도 있다.

그러나 문제는 그 출연의 맥락과 시기, 그리고 방식에 있다. 대통령이라는 공인의 메시지와 이미지는 단순한 개인의 삶을 넘어서, 국민에게 미치는 상징성과 파급력이 크기 때문이다. 그가 어떤 방송에, 어떤 내용으로 등장하느냐는 단순한 개인 선택을 넘어, 사회 전반에 어떤 가치와 관심을 우선시하고 있는지를 암묵적으로 전달하는 행위로 읽히기 쉽다.

지금 대한민국은 저출산, 고령화, 인구절벽이라는 삼중 위기를 동시에 겪고 있다. 이는 단순한 사회 현상이 아니라, 국가의 지속 가능성 자체를 위협하는 구조적 문제다. 출산율은 OECD 국가 중 최저 수준을 기록하고 있고, 농어촌과 지방 소도시는 아이의 울음소리가 끊긴 지 오래다. 학생 수 감소로 인해 폐교

나는 길고양이 장의사

가 늘어나고 있으며, 혼자 생을 마감하는 노인은 갈수록 증가하고 있다. 이러한 현실 속에서 대통령이 반려동물들과 함께 '오락 프로그램'에 출연한 모습은, 일부 국민의 눈에는 국가적 위기 상황과 동떨어진, 지나치게 사적이고 감성적인 행보로 비칠 수밖에 없다.

그렇다면 그 방송은 어떤 메시지를 국민에게 주었는가. 대통령의 동물 사랑은 진정성 있는 모습이었겠지만, 그것이 전해진 방식은 다분히 '오락적'이고 '사생활 중심적'이었다. 차라리 같은 반려동물 관련 내용이라 하더라도, 길고양이의 개체 수 증가, 유기동물 보호 문제, 입양 활성화 등 실제 사회 문제 해결과 연결된 주제였다면 의미가 크게 달라졌을 것이다. 단순히 훈훈한 일상 공개가 아니라, 정책적 관심과 방향성을 내포한 메시지로 확장되었을 것이기 때문이다.

더 나아가, 대통령이 출연할 수 있는 방송 콘텐츠라면 단지 개인적 정서를 드러내기보다는, 국민에게 실제적 희망과 방향성을 제시할 수 있는 무대가 되었어야 했다. 예를 들어, 어린이들과 직접 소통하며 '아이를 낳고 키우기 좋은 나라'를 만들겠다는 의지를 표현하거나, 결혼과 출산을 고민하는 청년 세대와 함께 현실적인 문제를 논의하는 토크쇼에 출연했더라면, 지금의 논란은 오히려 소통하는 리더십의 예시로 긍정적인 평가를 받앉을 것이다.

대통령의 대중매체 출연 자체가 문제가 아니라, 그 출연이 어떤 맥락과 내용, 메시지를 담고 있었는지가 핵심이다. 지금 국민은 단순한 위로와 감성보다는, 이 어려운 시기를 어떻게 극복할 수 있을지에 대한 진지한 고민과 국가의 청사진을 원하고 있다. 그리고 그것은 대통령의 '등장 방식' 하나하나에 담겨야 한다.

아이들은 줄어들고, 길고양이는 늘어난다는 씁쓸한 통계를 마주할 때마다, 무언가 방향이 잘못된 건 아닌가 하는 의문이 머릿속을 맴돈다. 인간과 동물이 조화롭게 공존하는 세상은 분명 아름답다. 그러나 지금 이 시점에서 국가의 수장이 카메라 앞에서 보여줘야 할 모습은 단순히 '사적인 삶의 온기'가 아니라, 국민이 직면한 불안에 대한 진지한 응답이어야 하지 않을까.

텔레비전에 대통령의 등장은 더 깊은 고민과 더 무거운 책임감을 동반해야 할 것이다.

나는 길고양이 장의사

반려동물 공존 사회

　부산에서는 이제 반려동물과 함께 살아가는 삶이 하나의 '보편적 가족 형태'로 자리 잡아가고 있다. 최근 통계에 따르면, 부산광역시 전체 가구의 약 13%가 반려동물과 함께 생활하고 있는 것으로 나타났다. 이는 단순한 숫자가 아니다. 반려동물이 더 이상 '애완용 동물'로 머물지 않고, 한 가족의 일원으로 인식되고 있음을 보여주는 중요한 지표다.

　이러한 변화는 사회 전반의 인프라 확장으로도 이어지고 있다. 경상국립대학교는 부산 남구에 전국 최대 규모의 대학 동물병원 건립을 본격화했으며, 2027년 6월 완공을 목표로 하고 있다. 이 병원은 영상의학과, 내과, 외과, 응급 진료 등 5개 진료과를 갖춘 3차 의료기관으로 설계되어 있다. 완공 후에는 반려동물 전문 의료의 수준을 한 단계 끌어올려, 단순 치료를 넘어 종합적이고 체계적인 의료 서비스를 제공할 것으로 기대된다.

교육 현장 역시 발 빠르게 대응하고 있다. 동명대학교를 비롯한 여러 대학에서 반려동물 관련 학과를 신설하고 있으며, 이는 단순히 직업교육 차원을 넘어선다. 반려동물과 함께 살아가는 시대에 필요한 전문성을 기르고, 더 나아가 사회 전체가 인간과 동물의 공존을 준비하고 있다는 흐름을 반영하는 것이다.

하지만 이처럼 반려동물을 가족처럼 여기는 사회적 인식이 확대되는 가운데, 제도적인 기반은 아직 걸음마 수준에 머물러 있다. 반려동물 의료보험 제도는 실질적인 도입이 되지 않았고, 유기동물 보호와 복지, 임종 이후의 처리 절차에 대한 법적 기준도 미흡한 상태다. 특히 거리에서 생을 마감하는 길고양이나 유기동물에 대한 공공 차원의 존엄한 이별 절차는 여전히 과제로 남아 있다.

그렇기에 반려동물과 함께하는 개인들뿐 아니라, 그 마지막을 책임지는 우리 사회 모두가 태도와 시스템을 다시 정비해야 할 시점이다.

동물의 생명을 끝까지 책임진다는 것, 그리고 길 위에서 삶을

나는 길고양이 장의사

마친 생명에게도 최소한의 존엄과 배려를 갖춘 이별을 제공한다는 것은 단순한 감정의 문제가 아니다.

이는 우리가 얼마나 성숙한 공동체로 나아가고 있는가를 가늠하는 기준이 될 수 있다. 부산의 사례는 앞으로 다가올 '반려동물 공존 사회'의 청사진을 보여주는 하나의 전환점이다. 더 이상 동물은 보호의 대상만이 아닌, 함께 살아가는 존재이자 존중받아야 할 생명이다. 따라서 지금 우리에게 필요한 것은 단지 감정적인 사랑을 넘어서, 제도적이고 윤리적인 책임감과 행동이다. 그 책임과 사랑이 함께 갈 때, 우리는 비로소 '동물과 함께 살아가는 사회'를 만들 수 있을 것이다.

길고양이가 없는 마을 〈소설〉

길고양이는 굉장히 사람을 귀찮게 하는 존재로 여기는 경우가 많다. 그리고 한 번쯤 길고양이가 없어졌으면 생각하기도 했을 것이다. 하지만 길고양이가 없어진다면 어떤 일이 발생할까? 다음은 고양이가 없어진다면 어떤 일이 벌어질까?를 상상하며 쓴 상황극이다.

백두대간의 한 자락에 폭 안긴 산율리(山栗里)는 이름처럼 가을이면 탐스러운 산밤이 지천으로 널리는, 100호 남짓한 고즈넉한 마을이었다. 이 평화로운 풍경에 유일한 흠이 있다면, 바로 주인 없는 길고양이들이었다.

녀석들은 산의 정기를 받은 탓인지 유난히 날래고 극성이었다. 볕 좋은 날 꾸덕꾸덕 말리던 생선이며 나물을 채갔그, 무엇보다 참을 수 없는 것은 양철지붕 위에서 한밤중에 벌이는 녀석들의 세력 다툼이었다. 아기 울음 같은 날카로운 소리는 산골 마을의 적막을 찢으며 노인들의 얕은 잠을 깨웠다.

"이놈의 도둑고양이들! 어젯밤에는 우리 집 씨암탉까지 물어갔어!"

마을의 젊은 이장, 영철이가 씩씩댔다. 그는 도시에서 귀농한 지 3년, 낡은 관습보다 효율과 깔끔함을 중시했다. 그러고는 마을 회관에 주민들을 모아놓고 말했다.

"어르신들! 언제까지 이렇게 당하고만 사실 겁니까? 이건 고양이들의 횡포입니다. 싹 다 잡아서 마을에서 치워버려야 합니다."

하지만 캣맘 수희가 나섰다. 수희는 길고양이들에게 밥을 주며 돌보았다. 길고양이에게 밥을 준다고 마을 사람들에게 욕을 많이 듣고 있었다.

"이장님! 세상 만물에는 다 제자리가 있는 법입니다. 저놈들이 성가시게 구는 것도 사실이지만, 그들도 우리와 같이 살아갈 권리가 있습니다. 불쌍한 고양이들을 잡아서 없앤다면 우리도 이 마을에서 살아갈 수 없을 겁니다."

하지만 캣맘 수희의 목소리는 '요즘 세상'의 불편함 앞에 힘을 잃었다. 영철의 주도하에 전문 업자가 동원되었고, 며칠에 걸쳐 마을의 길고양이들은 모조리 포획되어 사라졌다. 마을은 마침내 완벽한 고요를 되찾았다. 처마 밑 생선은 안전했고, 밤의 지붕은 평화로웠다. 영철은 어깨를 으쓱하며 말끔해진 마을을 흐뭇하게 바라보았다.

그 평화는 그러나 오래 가지 못했다. 변화의 첫 신호는 광에서 들려왔다. 가을걷이를 마친 곡식 자루 주변에서 밤마다 부스럭거리는 소리가 들리기 시작했다. 대수롭지 않게 여겼던 소리는 곧 갉아 먹힌 볍씨 자루와 쥐똥의 흔적으로 그 실체를 드러냈다. 고양이들의 날카로운 눈빛과 그림자가 사라진 마을은 쥐들의 천국이 되어 있었다.

쥐들의 공세는 광에서만 그치지 않았다. 그것은 단지 시작, 교두보에 불과했다. 천적이 사라진 땅에서 얻은 자신감으로 무장한 녀석들은 곧 인간의 가장 내밀한 공간까지 거침없이 침범해 들어왔다. 대담해진 녀석들은 이제 부엌 찬장을 제집처럼 넘나들었으며, 어둠이 내린 집의 천장 위에서는 수십 개의 작은 발들이 우르르 몰려다니는, 그야말로 소름 끼치는 운동회가 벌어졌다. 사람들은 잠을 설치는 것을 넘어, 이제 자신의 집에서조차 이방인이 된 듯한 불안감에 시달려야 했다.

공포는 곧 현실적인 재앙이 되어 마을을 덮쳤다. 동네 아이 하나가 원인 모를 고열에 시달리다 경기를 일으켰고, 며칠 뒤에는 홀로 사는 노인이 헛소리를 하며 쓰러진 채 발견되었다. 읍내 병원 응급실로 실려간 이들에게 내려진 진단은 렙토스피라증, 유행성출혈열 등 이름도 생소한 병명이었다. 쥐가 옮기는 끔찍한 전염병의 망령이, 고요하던 산골 마을 산율리를 잠식하기 시작한 것이다.

생존의 위협 앞에 마을 사람들의 인심은 흉흉해졌고, 결국 영철 이장은 극약 처방을 내렸다. 마을 곳곳, 쥐들이 다닐 만한 모든 길목에 독약 덩어리들이 뿌려졌다. 처음 며칠간은 효과가 있는 듯했다. 곳곳에서 쥐의 사체가 발견되었고, 천장에서 들리던 소음도 잠시 잦아들었다.

하지만 그것은 더 큰 비극의 서막이었다. 어느 날 아침부터, 마을의 상징과도 같던 까치들의 구성진 울음소리가 들리지 않았다. 대신 싸늘한 주검이 되어 마당에 떨어져 있는 까치들이 하나둘 발견되었다. 쥐약을 먹고 비틀거리며 죽어간 쥐를 손쉬운 먹잇감으로 삼았던 탓이다. 죽음의 연쇄는 거기서 그치지 않았다. 밤의 사냥꾼인 부엉이가 대낮에 나뭇가지에서 힘없이 떨어져 죽었고, 한때 닭장을 위협하던 교활한 족제비마저 독이 퍼진 쥐를 먹고 길가에서 입에 거품을 문 채 발견되었다. 인간이 놓은 독은 목표물인 쥐를 넘어, 산율리의 생태계를 지탱하던 모든 포식자의 혈관 속으로 스며들어 죽음의 그림자를 넓게 드리웠다.

그리고 자연은 결코 진공을 허용하지 않았다. 까치와 족제비, 부엉이가 사라진 생태계의 빈틈은 즉시 새로운 생명체에 의해 채워졌다. 습기 찬 부엌의 어둠 속에서, 썩은 나무 기둥의 틈새에서, 기름진 갑옷을 번들거리며 나타난 것은 바로 바퀴벌레 떼였다. 그동안 새들과 작은 짐승들에게 억제되었던 벌레들은 천적이 사라지자, 폭발적으로 번식하기 시작했다. 이제 마을은 쥐가 남긴 오물과 질병에 더해, 기어다니는 벌레들의 소굴로 변해 버렸다.

사람들은 쥐를 잡으려다, 쥐와 벌레를 잡던 모든 '아군'을 제 손으로 몰살시킨 꼴이 되었다. 그들이 원했던 깨끗한 마을은 간데없고, 그 자리에는 질병과 죽음의 악취, 그리고 끈질긴 해충들만이 새로운 지배자처럼 군림하고 있었다.

나는 길고양이 장의사

설상가상으로, 봄이 되어 밭을 갈던 아낙이 텃밭에서 독사를 보고 기겁하는 일이 벌어졌다. 예전에는 고양이들이 뱀을 사냥해 마당에 물어다 놓곤 해 징그러워도 든든한 구석이 있었지만, 이제 녀석들의 천적을 잃은 뱀들이 대낮에도 집 근처를 어슬렁거렸다. 아이들은 마당에 나가는 것조차 두려워했다.

　　"이제 알겠어요? 이장님! 저 도둑고양이들은 우리에게서 생선 몇 마리를 훔쳐 가는 대신, 우리의 곡식과 닭, 그리고 아이들의 안전을 지켜주고 있었던 겁니다. 이장님은 그걸 '횡포'라 불렀지만, 그건 사실 이 산골 마을의 보이지 않는 방패였어요."

　　이장 영철은 고개를 들지 못했다. 그는 깨끗하고 질서 잡힌 마을을 원했다. 인간의 통제 아래 있는 완벽한 공간을 꿈꿨다. 하지만 그는 생태계라는 거대한 그물망에서 고양이들이라는 중요한 매듭 하나를 끊어버렸고, 그 결과 그물 전체가 찢어져 걷잡을 수 없는 혼돈이 밀려 들어온 것이다.
　　산율리는 고요를 되찾았지만, 그 고요 속에는 쥐들이 곡식을 갉아먹는 소리, 뱀들이 스르륵거리는 공포, 그리고 징그러운 바퀴벌레로 가득했다. 마을 사람들은 약간의 불편함과 성가심을 견디지 못한 대가로 생존 자체를 위협하는 더 큰 위험과 공존하게 되었다.

그들은 다시 읍내로 나가 고양이를 사 오기 시작했다.

산율리의 이야기는 단순한 한 마을의 문제가 아니다. 우리가 불편하다 하여 쉽게 내친 존재가 사실은 우리의 삶을 지탱하는 보이지 않는 기둥일 수 있다. 인간의 눈에 불필요해 보이는 존재조차, 생태계의 큰 그물망 속에서는 꼭 필요한 매듭이다. 그 매듭을 함부로 끊을 때, 결국 무너지는 것은 인간 자신이다.

깨끗함과 효율을 좇다 잃어버린 균형. 산율리의 비극은 우리 사회 곳곳에서 반복될 수 있는 경고다. 공존은 불편을 감수하는 일이 아니라, 생존을 지키는 가장 현명한 선택임을 말해주고 있다. 길고양이가 우리 인간의 가장 가까운 이웃인 이유다.

이 책에는 도로 위에서 안타깝게 삶을 마감한 고양이들의 이야기, 그리고 그런 생명을 위해 묵묵히 손을 내미는 캣맘들의 따뜻한 헌신이 담겨 있다. 또한 동물과 인간이 함께 살아가기 위해 우리가 어떤 사회적 장치와 제도적 노력을 마련해야 하는지도 함께 다루었다.

로드 킬은 단순한 교통사고가 아니다. 그것은 인간의 편리와 속도가 다른 생명의 삶을 어떻게 짓밟고 있는지 보여주는 사회적 거울이다. 차 한 대가 스쳐 지나간 자리에 남는 것은 작은 흔적일지 모르지만, 그 뒤에는 한 생명의 모든 시간이 허망하게 끊어져 버린다. 그 장면 앞에서 우리가 느끼는 안타까움은 곧 우리 자신에게 던져지는 질문이다.

"우리는 이 사회에서 과연 생명을 얼마나 존중하며 살아가고 있는가?"

길고양이를 돌보는 캣맘들의 이야기는, "생명을 어떻게 대할 것인가"라는 질문에 대한 작은 대답이기도 하다. 그들은 이름 없는 고양이에게 매일같이 밥을 챙겨주고, 추운 겨울에는 작은 종이 상자나 포근한 담요를 놓아주며, 때로는 다친 고양이를 데려가 치료비를 감당하기도 한다. 아무 대가도 바라지 않고, 오히려 자신의 시간과 비용을 쏟아내는 그 손길은 인간과 동물이 맺을 수 있는 가장 순수하고도 따뜻한 연대의 표현이다.

  캣맘들의 행동은 사실 단순한 '먹이 주기'를 넘어선다. 그것은 생명을 향한 존중이며, 인간 사회가 어떤 가치를 지향해야 하는지를 보여주는 살아 있는 등불이다. 결국 캣맘의 손길은 도시의 작은 골목에서 시작되지만, 그 울림은 사회 전체로 퍼져 나간다. 그것은 단순한 동정이 아니라, 공존을 향한 조용한 실천이며, 우리가 나아가야 할 길을 미리 보여주는 예고편 같은 것이다.

나는 길고양이 장의사

이제 우리는 개인의 선의에만 기댈 것이 아니라, 동물과 공존할 수 있는 사회적 기반을 마련해야 한다. 생태통로의 설치, 로드 킬 예방을 위한 제도적 장치, 공존을 교육하는 시민의식의 함양이 필요하다. 인간이 만든 도로와 도시가 다른 생명들에게는 장벽과 함정이 되지 않도록 하는 것, 그것이 진정한 문명의 지표라 할 수 있다.

이 책을 덮는 지금도 수많은 동물들이 도시의 틈바구니에서 살아가고 있다. 그들의 삶이 작고 보잘것없어 보일지 모르지만, 분명 우리와 같은 무게의 생명이다. 우리가 조금 더 눈을 돌려 그들의 존재를 바라볼 때, 비로소 인간과 동물이 함께 숨 쉬는 세상이 열린다.

새벽이라는 고양이가 남긴 이야기는 단순한 한 마리 고양이의 삶이 아니라, 우리 사회가 직면한 현실을 비추는 하나의 상징이다. 길 위에서 우연히 만난 인연이 가족으로 자리 잡았고,

다시 길 위로 나가 스스로 생존의 길을 개척해 낸 그 모습은 생명의 끈질김과 동시에 인간이 짊어져야 할 책임을 강하게 일깨운다. 우리는 흔히 길고양이를 '그저 떠도는 존재'라 생각하지만, 새벽이의 이야기는 그들이 얼마나 지혜롭고, 또 얼마나 인간과 깊은 관계를 맺을 수 있는 존재인지를 보여준다.

또한 요즘 늘어나는 고양이 카페나 보호소 같은 공간들은 단순히 고양이를 구경하는 장소가 아니라, 길고양이와 인간이 공존할 수 있는 따뜻한 방법을 제시하는 작은 실험장이기도 하다. 그곳에서 사람들은 고양이와 교감하며 생명의 소중함을 배우고, 길 위의 고양이들이 안전하게 머물 수 있는 또 다른 가능성을 발견한다. 이러한 시도들은 결국 사회 전반에 동물과 더불어 살아가는 문화적 토양을 만들어 가는 중요한 계기가 된다.

결국 인간은 지구라는 집에서 결코 홀로 살아갈 수 없다. 싫든 좋든 우리는 다른 동물들과 부대끼며, 그들과 얽히고설키며

하루하루를 살아간다. 그렇기에 동물을 보호하는 일은 단순히 그들을 위한 것이 아니라, 곧 인간 자신을 보호하는 길이 된다. 생태계의 균형이 무너지고, 다른 생명의 삶이 위협받을 때, 그 피해는 반드시 인간에게 되돌아온다.

부디 이 책이 작은 울림이 되어, 누군가의 마음속에 생명 존중의 씨앗을 심을 수 있기를 바란다. 인간과 동물이 함께 어깨를 맞대고 살아가는 사회, 그 길을 향한 발걸음이 여기서 시작되기를 간절히 바란다.

2025년 11월,
양진석

나는 길고양이 장의사

초판 인쇄 2025년 11월 13일
초판 발행 2025년 11월 30일

지은이 양진석
발행인 조현수
펴낸곳 도서출판 프로방스
기획 조영재, 조남식, 박경희
마케팅 최문섭
편집 문영윤

주소 경기도 파주시 광인사길 68, 201-4호(문발동)
전화 031-942-5366
팩스 031-942-5368
이메일 provence70@naver.com
등록번호 제2016-000126호
등록 2016년 06월 23일

정가 **18,900원**
ISBN 979-11-6480-404-7 (03800)